朝鮮学校を歩く

1100キロ／156万歩の旅

長谷川和男 写真・文

朝鮮学校を歩く刊行委員会 編

花伝社

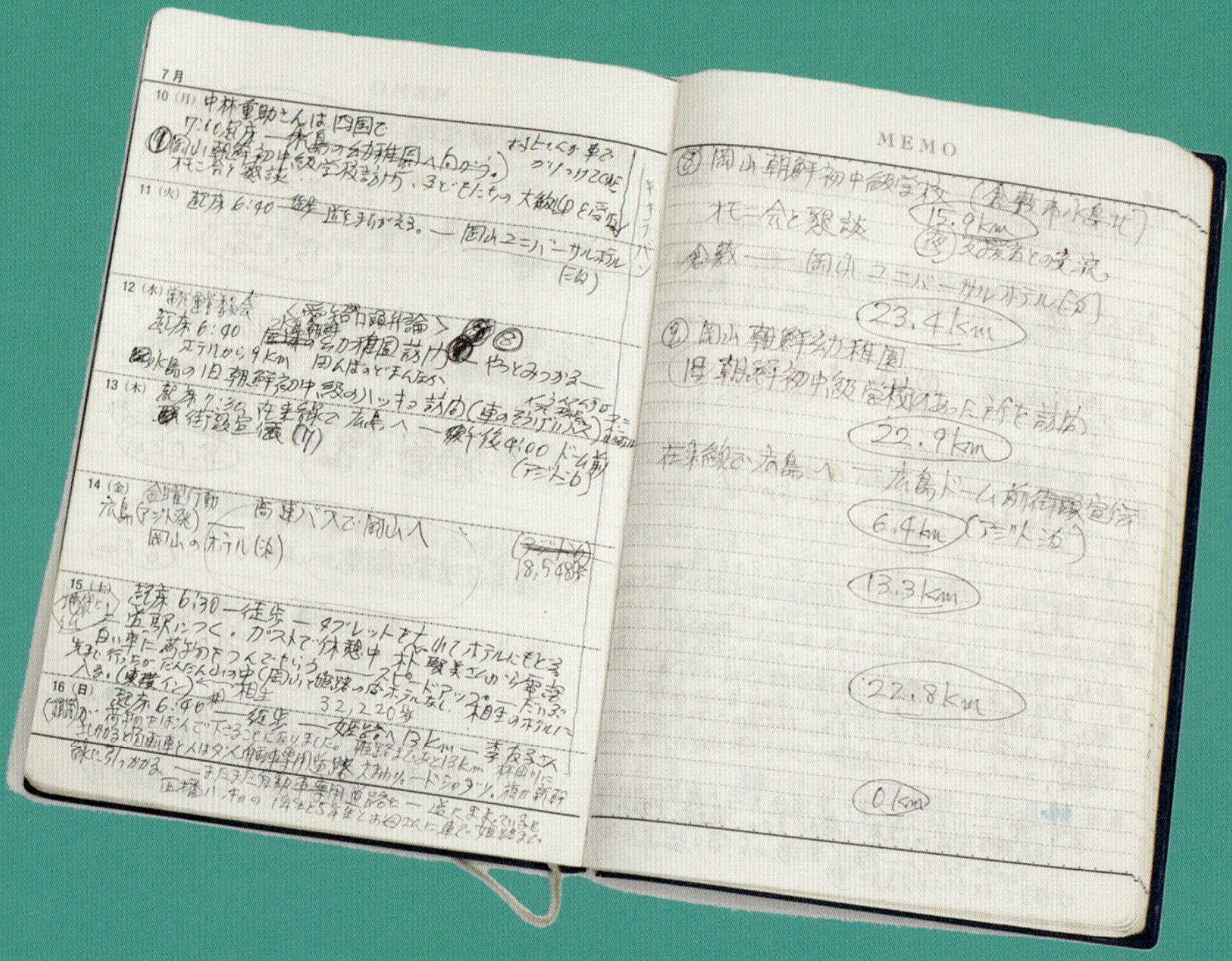

大判の手帳は、全国行脚のなくてはならない相棒。学校訪問のためのメモや歩数・距離などがビッシリ！

●日本における在日朝鮮人の民族教育について

1945年８月15日は、日本人にとっては敗戦記念日として刻まれているが、祖国を奪われ植民地にされた朝鮮人には「解放記念日」だった。「晴れて祖国に帰れるぞ！」と思う反面「子どもたちは日本語しか話せない」と朝鮮語を教える「国語教習所」などが日本各地いたるところにつくられた。それらを統合して「朝鮮学校」などがつくられていった。1945年創立という朝鮮学校が多いのも、そのためである。

1948年、GHQの指示を受けた日本政府は各都道府県知事に朝鮮学校閉鎖の通達を出し（朝鮮学校閉鎖令）、それに対して在日朝鮮人による阪神教育闘争が始まる。闘いは大きく燃え広がった。以降も日本政府による弾圧に抗して、朝鮮学校は存続してきたのである。

また、部落解放教育と相まって、「民族学級」の取り組みが大阪を中心に展開し、今も公立の小中学校に在籍する朝鮮半島にルーツを持つ子どもたちに対する民族教育の場として、各地で受け継がれている。

CONTENTS

一歩踏み出すまで

私は山が好きである。小学校時代から父に連れられて、兄と3人で奥多摩の山に登った。本格的に山を登りはじめたのは、都立富士高校山岳部に入ってからだ。雪山登山や岩登りの技術も、山岳部の先輩から教えてもらった。大学時代は現役の合宿にOBとして参加した。

その後、小学校の教員になった私は、林間学校の引率や遠足でたまに登ることしかできなくなった。定年退職して再雇用職員になると、再び山に登りはじめた。足腰を鍛えるために、会議後の打ち上げで呑んだ後、酔いを醒ましながら自宅まで歩いて帰るのが日課になった。御茶ノ水の連合会館、御徒町の在日本朝鮮人人権協会、神保町の日本教育会館、十条の東京朝鮮中高級学校などで会議をした後に、周辺の居酒屋で呑んで、三鷹の自宅まで歩いて帰るのだ。毎日3万歩（約21キロメートル）が目標となった。家にたどり着いた時には、夜が明けてしまうこともしばしばだった。

「高校無償化」裁判で、一般の私たちにできることは限られている。裁判の傍聴や集会の設定、情宣などに力を注いだ。東京地裁が結審となり判決を待つことになった時、私に何ができるか真剣に考えていた。文科省前の「金曜行動」でアピールする朝鮮大学校生が「私は福岡朝鮮中高級学校を出て、現在朝鮮大学校の3年生です」「私は大阪朝鮮高級学校で学び、現在朝鮮大学校の1年生です」と、誇らしげに母校のことを語る言葉を聞いて、「全国にある朝鮮学校をすべて訪問して、子どもたちや先生方、オモニ（お母さん）やアボジ（お父さん）を励ましたい」と強く思うようになった。

体力には自信があった。私にできることは、自分の体力を生かすことだ。「朝鮮学校を大切に思っている日本人もいる！　7月19日の広島地裁判決、7月28日の大阪地裁判決、9月13日の東京地裁判決を日程に入れて、歩いて朝鮮学校を訪問しよう！　過去の歴史に責任を持ち、朝鮮半島を植民地支配した日本人として、誠意を示そう！」と考えたのである。

学校の忙しさはよく知っている。学校を訪問することで、かえって迷惑をかけることになりはしないかとも考えた。計画を立てて詳細を報告するようにと何人もの人から言われたが、日本分県大地図で20キロから30キロの間にある都市を探して宿泊場所とする、おおざっぱな計画しか作れなかった。事前に詳細な計画を立てようとすれば、ずるずる出発が延びてしまう。一歩踏み出せば、道は開けると自分に言い聞かせ、スタートすることに決めた。「歩けるところは歩くことにするが、学校の都合に合わせることを最優先にしよう」と決め、6月20日、福岡からスタートすることにした。

一歩踏み出して、本当によかったと思う。現在休校している学校を含め全国67の朝鮮学校をすべて訪問することができた。子どもたちの真剣に学ぶ姿、部活動に打ち込む熱い情熱に触れて、ますます朝鮮学校が好きになった。朝鮮学校の先生方が献身的に子どもたちを指導している姿は、私の心を熱くした。オモニやアボジ、地域の在日朝鮮人の皆さんが民族教育を支えるためにどれだけがんばっているかを目の当たりにし、全力で朝鮮学校を支えようという気持ちはさらに大きく燃え上がっていった。

朝鮮学校のある場所は、なぜその地に学校がつくられたのか、という歴史がある。70年以上の歴史に刻まれた在日朝鮮人の皆さんの「朝鮮学校を守りたい！」という熱い想いに触れて、もっと多くの日本人に朝鮮学校の真実の姿を伝えたいと思う。

今回の「全国行脚」は、たくさんの人々の温かい協力に支えられ完遂できた。貴重な体験をさせていただいたことに心から感謝している。私が見てきた朝鮮学校について、写真と文章で伝えることが私に与えられた任務だと思っている。出発の一週間前に購入したタブレットに私の技術が追いつかず、写真を撮ることができなかった学校もいくつかあり、関係者の方に写真をお借りした。お詫びと感謝をお伝えしたい。

この本を読んで、朝鮮学校の実情を知り、一人でも多くの人が朝鮮学校に関心を持っていただければ幸いである。

2019年6月11日

長谷川和男

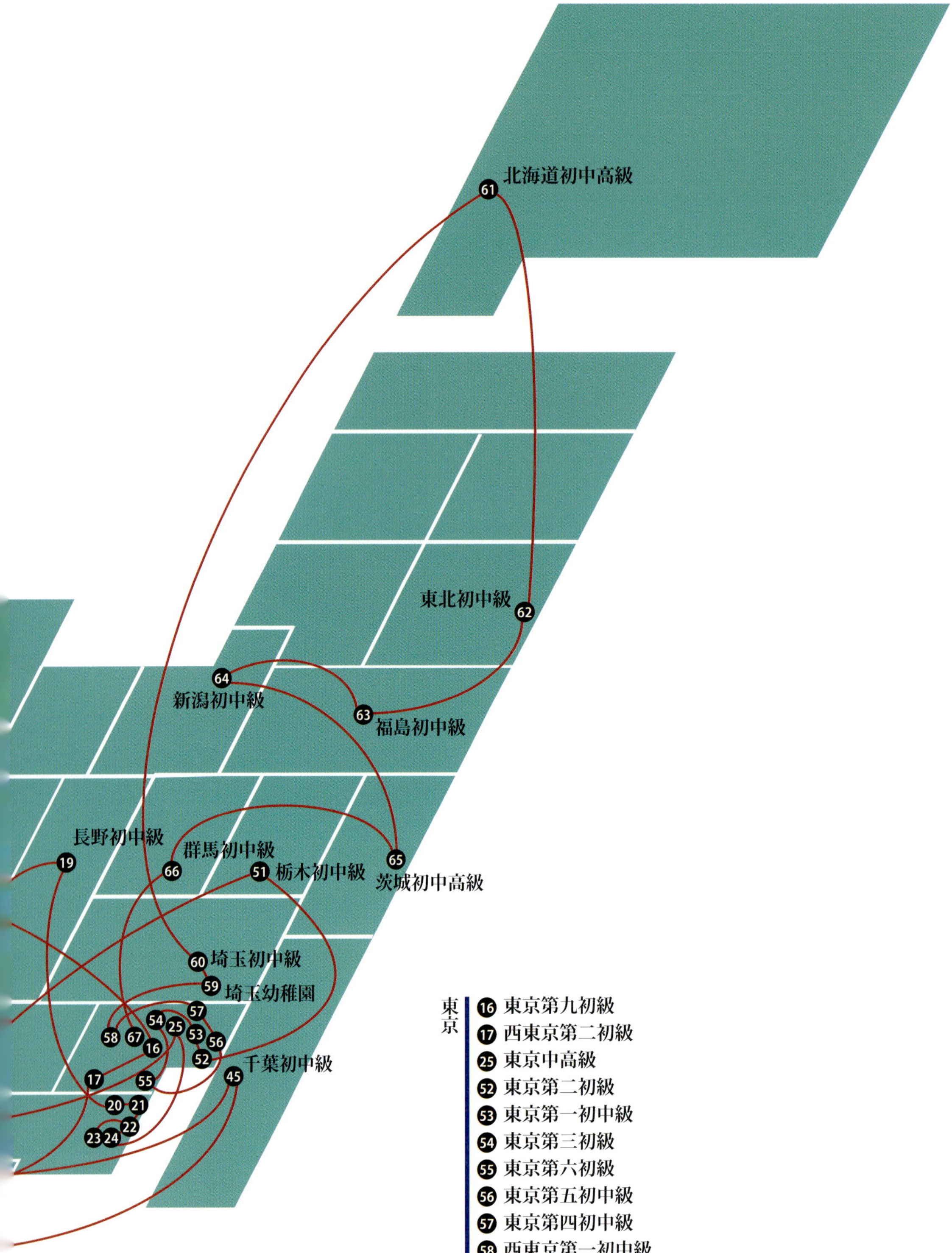

東京
- ⑯ 東京第九初級
- ⑰ 西東京第二初級
- ㉕ 東京中高級
- 52 東京第二初級
- 53 東京第一初中級
- 54 東京第三初級
- 55 東京第六初級
- 56 東京第五初中級
- 57 東京第四初中級
- 58 西東京第一初中級
- 67 朝鮮大学校

神奈川
- ⑳ 南武初級
- ㉑ 川崎初級
- ㉒ 鶴見幼稚園
- ㉓ 横浜初級
- ㉔ 神奈川中高級

＊赤い線は、長谷川さんの歩いた道を示す。
＊丸数字は、訪問順。
＊８～10頁のアルバムと、11頁の訪問学校一覧と対応しています。

長谷川さんの歩いた1100キロ／156万歩

朝鮮学校67マップ

大阪
- 26 大阪第四初級
- 27 東大阪初級
- 28 中大阪初級
- 29 生野初級
- 30 城北初級
- 31 北大阪初中級
- 32 大阪福島初級
- 33 南大阪初級
- 34 東大阪中級
- 35 大阪高級

兵庫
- 10 西神戸初級
- 11 神戸高級
- 12 伊丹初級
- 13 尼崎初中級
- 14 神戸初中級
- 15 西播初中級

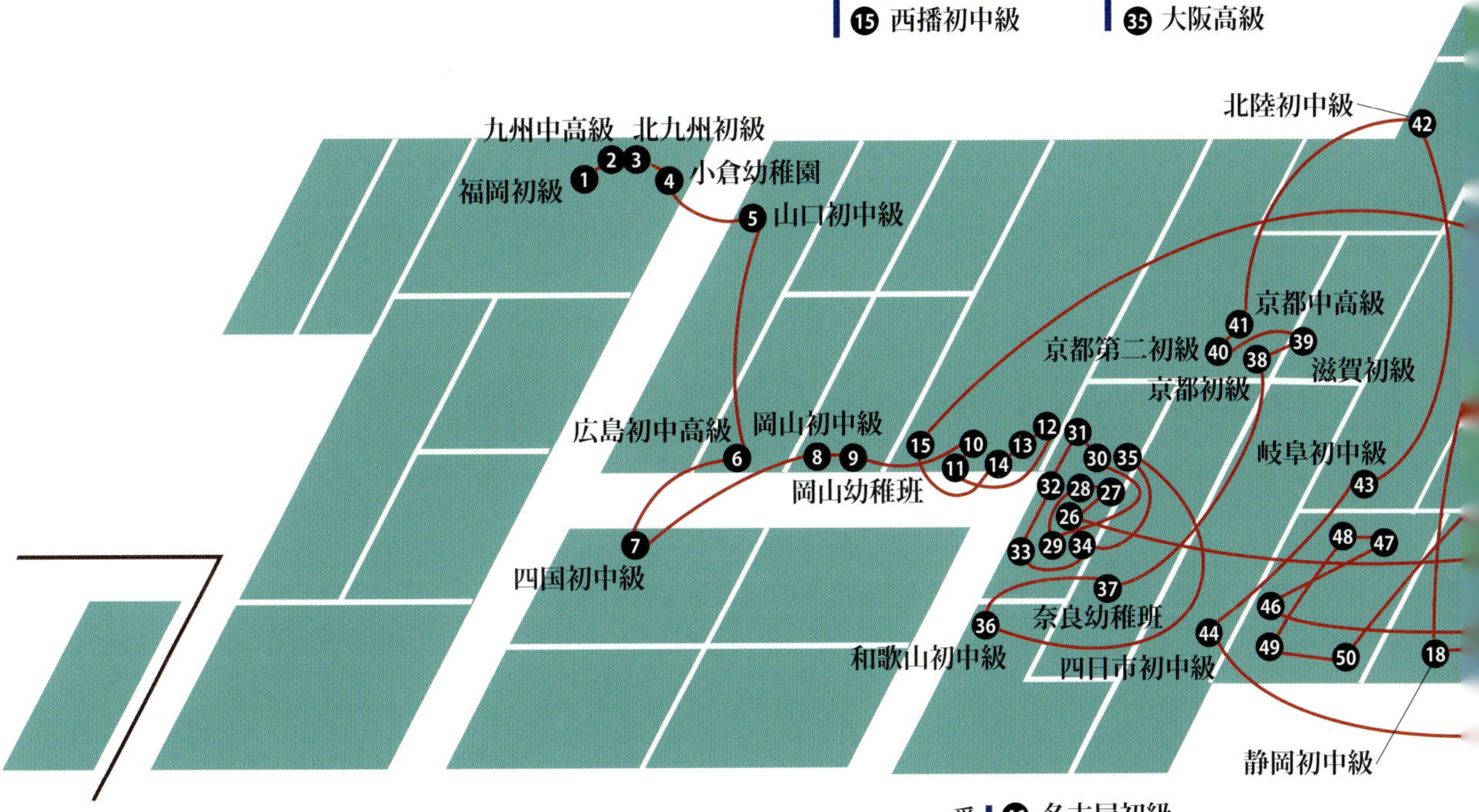

愛知
- 46 名古屋初級
- 47 愛知第七初級
- 48 東春初級
- 49 愛知中高級
- 50 豊橋初級

アルバム　朝鮮学校 67

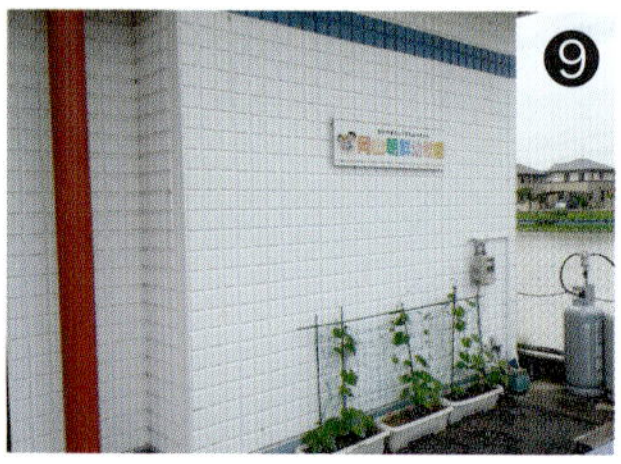

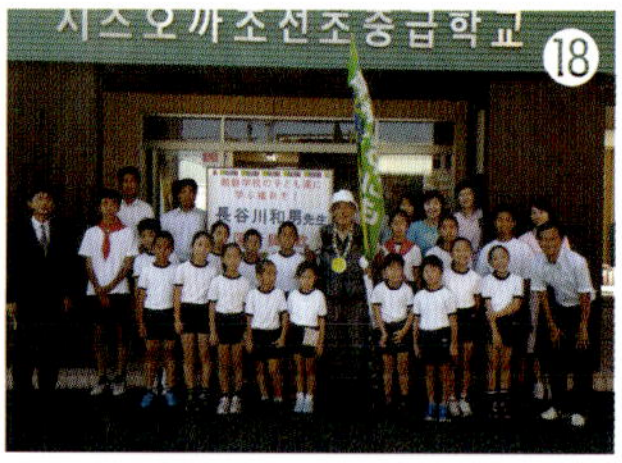

22

23

24

25

26

27

28

29

30

31

32

33

34

35

36

37
長谷川さん

38

39

40

41

42

43

44

45

＊㉜㉝は学校より、67は隔月誌『朝鮮学校のある風景』編集部より提供いただきました。

訪問学校一覧

	学校名	創立年
1	福岡朝鮮初級学校	1960
2	九州朝鮮中高級学校	1956
3	北九州朝鮮初級学校	1968
4	小倉朝鮮幼稚園	1980
5	山口朝鮮初中級学校	1956
6	広島朝鮮初中高級学校	1946
7	四国朝鮮初中級学校	1945
8	岡山朝鮮初中級学校	1945
9	岡山朝鮮幼稚班	1945
10	西神戸朝鮮初級学校	1945
11	神戸朝鮮高級学校	1949
12	伊丹朝鮮初級学校	1946
13	尼崎朝鮮初中級学校	1946
14	神戸朝鮮初中級学校	1945
15	西播朝鮮初中級学校	1946
16	東京朝鮮第九初級学校	1946
17	西東京朝鮮第二初級学校	1946
18	静岡朝鮮初中級学校	1964
19	長野朝鮮初中級学校	1969
20	南武朝鮮初級学校	1946
21	川崎朝鮮初級学校	1946
22	鶴見朝鮮初級学校附属幼稚園	1946
23	横浜朝鮮初級学校	1946
24	神奈川朝鮮中高級学校	1951
25	東京朝鮮中高級学校	1946
26	大阪朝鮮第四初級学校	1946
27	東大阪朝鮮初級学校	1946
28	中大阪朝鮮初級学校	1948
29	生野朝鮮初級学校	1991
30	城北朝鮮初級学校	1959
31	北大阪朝鮮初中級学校	1957
32	大阪福島朝鮮初級学校	1948
33	南大阪朝鮮初級学校	2010
34	東大阪朝鮮中級学校	1961
35	大阪朝鮮高級学校	1952
36	和歌山朝鮮初中級学校	1958
37	奈良朝鮮幼稚班	1969
38	京都朝鮮初級学校	1946
39	滋賀朝鮮初級学校	1960
40	京都朝鮮第二初級学校	1965
41	京都朝鮮中高級学校	1953
42	北陸朝鮮初中級学校（休校中）	1966
43	岐阜朝鮮初中級学校	1961
44	四日市朝鮮初中級学校	1946
45	千葉朝鮮初中級学校	1946
46	名古屋朝鮮初級学校	1945
47	愛知朝鮮第七初級学校（休校中）	1946
48	東春朝鮮初級学校	1946
49	愛知朝鮮中高級学校	1948
50	豊橋朝鮮初級学校	1946
51	栃木朝鮮初中級学校	1957
52	東京朝鮮第二初級学校	1946
53	東京朝鮮第一初中級学校	1945
54	東京朝鮮第三初級学校	1945
55	東京朝鮮第六初級学校	1945
56	東京朝鮮第五初中級学校	1946
57	東京朝鮮第四初中級学校	1945
58	西東京朝鮮第一初中級学校	1946
59	埼玉朝鮮幼稚園	1972
60	埼玉朝鮮初中級学校	1961
61	北海道朝鮮初中高級学校	1961
62	東北朝鮮初中級学校	1965
63	福島朝鮮初中級学校	1971
64	新潟朝鮮初中級学校（休校中）	1968
65	茨城朝鮮初中高級学校	1953
66	群馬朝鮮初中級学校	1960
67	朝鮮大学校	1956

＊訪問順。5次にわたった旅を色分けにした。

韓国からの連帯メッセージ

２年前の夏、山口のある海辺。
水の上に突き出したコンクリートの塊だけが
そこが戦争と強制徴用の痛みを抱えたまま
沈んでしまった海底鉱山だったことを伝えてくれていました。
その海辺で長谷川さんと別れました。
「朝鮮学校差別反対」の旗を差したザックを背負い、
長谷川さんは海岸道路の曲がった坂道をゆっくり登っていきました。
私は遠く長谷川さんの姿が見えなくなるまで立っていました……

ある社会の進歩と、ある社会のまっとうさを守るのは、
覚醒した個人の連帯だということを
長谷川さんをとおして学び、記憶します。
長谷川さん、ありがとうございます。

朝鮮学校と共にする人々「モンダンヨンピル」代表
クォン・ヘヒョ（韓国・俳優）

2년 전 여름, 야마구치의 어느 바닷가.
물 밖으로 솟아오른 콘크리트 구조물만이
그 곳이 전쟁과 강제징용의 아픔을 간직한 체
잠겨버린 해저광산임을 알려 주고 있었습니다.
그 바닷가에서 하세가와 선생과 작별을 했습니다.
'조선학교 차별반대' 깃발이 꽂힌 배낭을 메고
선생은 해안도로 굽이진 언덕길을 천천히 올랐습니다.
난 멀리 선생의 모습이 보이지 않을 때까지 서 있었습니다..........

'한 사회의 진보와 한 사회의 건강을 지키는 건
각성한 개인의 연대라는 것을 선생님을 통해 배우고 기억합니다.
하세가와 선생님 고맙습니다'

조선학교와 함께 하는 사람들 몽당연필 대표
권해효

クォン・ヘヒョさんと、
長谷川さん。
2012年10月撮影
（提供：モンダンヨンピル）

翻訳：岡本有佳

I　朝鮮学校を歩く

20キロを超える荷物を詰め込み、ともに歩いたザック。

福岡朝鮮初級学校玄関に行くと、すでに歓迎ポスターが貼られていた。先生方に感謝。福岡をスタート地点にしてよかった！

第1歩

私の歓迎会に出席した福岡朝鮮初級学校の子どもたち。

6月21日

金平団地前にある旧福岡幼稚園の外壁。子どもたちの楽しそうな園生活が描かれている。幼稚園は現在、福岡朝鮮初級学校内に移転している。

第1歩
無償化の旗の威力を知る
九州〜中国〜四国〜近畿

6月20日

私の全国行脚が始まった。２０１７年6月20日、羽田から飛行機で福岡空港へ。出迎えてくれた中村元気さんに促されて、地下鉄で福岡朝鮮初級学校に向かった。

中村元気さんは日朝学術教育交流協会の代表で、福岡県教組の委員長をされていた。私が以前からお世話になっていた友人だ。元気さんと福岡県教組委員長の梶原正美さんが、一緒に同行してくれた。

趙星年校長先生をはじめ、学校関係者が温かく出迎えてくれる。どんな展開になるのか不安と期待にドキドキしながら、学校内を見せてもらった。❶福岡朝鮮初級学校には、幼稚園が併設されていて、幼稚園の教室や初級部の授業風景を見て回った。

全校の子どもたちの待つ講堂に案内され、幼稚園と初級部の子どもたちからの歓迎公演が行なわれた。私の訪問を歓迎してくれる子どもたちに、言葉にできない感動を覚えた。一人一人の子どもたちの目が、自分たちを応援するためにこれから全国の朝鮮学校を回ろうとしている日本人への温かさにあふれていた。私はなぜ朝鮮学校を訪問しようと決めたのか、率直に語りかけた。「皆さんの先輩である朝鮮大学校の学生が、毎週金曜日、文部科学省前で『金曜行動』をしています。私も欠かさず出ているのですが、学生の皆さんのアピールを聞いて全国の朝鮮学校を回ろう！と決めたのです。彼らはアピールの前に、自分の出た高校の名前を誇らしげに語るのを聞いて、私も訪問したいと考えたのです」。子どもたちから「全国を回るのに、履いてください！」と子どもたち一人一人の名前がハングルで寄せ書きされた靴下をプレゼントされ、握手攻めにあった。「一歩踏み出して、本当によかった」。誰だってこんな歓迎を受けたら、朝鮮学校のために全力を尽くそうと思うに違いない。

玄関に貼られていたポスターを見て、わずかな期間にこんな素敵なポスターを作ってくださった先生方に感動した。福岡をスタート地点に選んだことは、全国行脚を貫徹するためにも、本当にナイスな選択だったと思う。この福岡の朝鮮学校での対応が、その後の私の朝鮮学校訪問のモデルケースになった。

夜には、福岡県全域から朝鮮学校支援のためにがんばっている仲間が集まり、私の歓迎会をしてくれた。素晴らしい「全国行脚」のスタートになった。この日は、福岡リーセントホテルに泊まった。

6月21日

この日は午前中、元教員の人権アナリスト・高濱圭子さんの案内で、金平団地を中心に福岡の街のフィールドワークを行なった。朝鮮学校のある町は、必ず在日朝鮮人がなんらかの理由で集住している地域である。１９４５年8月15日の日本の敗戦は、朝鮮の人びとにとっては36年に及んだ日本の植民地支配の終焉であり、祖国解放の記念日である。「祖国に晴れて帰ることができる」と関釜連絡船に乗って朝鮮に帰国しようとした人びとは、朝鮮戦争の勃発によって足止めをされた。やむなく下関や福岡に仮の住まいを見つけて暮らさざるを得なかった。在日朝鮮人子弟が学ぶ「民族教育」を保障するのは、植民地支配をした日本の責任ではないのか。民族の言葉を学び、民族の歴史や文化を学ぶことを保障する責任は、日本政府にこそある。そのあたりまえの責任を果たすどころか、弾圧してきたのが日本政府である。こんなことがあっていいのだろうか。私は、歴史に責任を持てる日本人でありたいと思う。

　戦前から在日朝鮮人が数多く暮らしていたこの地域に建てられた金平団地を見学した。団地前の、かつて福岡幼稚園のあった場所を通りかかった時である。私の掲げた無償化の旗を見つけて、地元の徐好植さんが飛び出してきた。幼稚園周辺の清掃を、ボランティアで行なっているところだった。ここには現在も建物が残っている。徐さんが中を案内してくれた。16～17頁の写真は、旧幼稚園の塀に描かれたものである。

　午後からは、北九州市の折尾にある❷九州朝鮮中高級学校と❸北九州朝鮮初級学校に向かった。折尾の高台に、この２つの学校が同じ敷地内に併設されていた。授業風景を見た後に、体育館に集まった生徒たちの前で講演した。体育館に入った時、「ナナ先生がいる」と気がついた。ナナ先生とはドキュメンタリー映画『60万回のトライ』（朴思柔さんと朴敦史さんの二人監督で、大阪朝高ラグビー部を追った作品）に出てきた「ナナちゃん」こと、金奈奈さんだ。彼女には、無償化連絡会の集会で挨拶してもらった。また、文部科学省前で朝鮮大学校の学生が毎週続けている「金曜行動」でも、責任者として進行を務めていただいた。その奈奈さんが出身校に帰って、今や教員として子どもたちの指導にあたっているのだった。「高校無償化」の闘いがいかに長く続いているかをあらためて実感させられた。

　夕方、小倉の駅に福岡の支援者や地方議員が集まって街頭宣伝活動が行なわれた。私も参加して「朝鮮学校にも無償化を！」と訴えた。

❹小倉朝鮮幼稚園は、小倉から門司に向かう途中にある。実は後でわかったことだが、うっかりこの幼稚園に立ち寄らずに通過してしまった。北九州初級学校に併設されていた幼稚園を小倉朝鮮幼稚園と思い込んでしまったのである。この記録本を作成する過程でそのことに気づいた私は、今年（２０１９年）1月、遅ればせながら小倉朝鮮幼稚園を訪問させていただいた。庭にたくさんの遊具が設置されていて、素敵な幼稚園だった。危なく「すべての朝鮮学校を回った！」という看板に偽りがあることになるところだった。

出発１週間前に購入した人生初のタブレット。試行錯誤で旅の様子を発信し続けた。

6月22日

山口朝鮮初中級学校の玄関と広々とした
校庭。遠景は力道山の胸像のある寺。

6月24日

２階から写した山口朝鮮初中級学校の
ユニークな校舎。

6月24日

モンダンヨンピルと一緒に、日本と朝鮮半島
をつなぐ関釜連絡船の港跡にできた公園で。

6月25日

「長生炭鉱追悼ひろば」で開催された
モンダンヨンピル主催の追悼会。
お話は内岡貞雄さん。

6月22日

❺山口朝鮮初中級学校は、小高い丘の上に建っていた。ピンクの校舎は、実に印象的だった。この学校にたどり着くまでに、偶然、素晴らしい出会いがあった。

　小倉から門司の港まで汗水たらして歩いていると、大きなパチンコ屋の前を通りかかった。突然駐車場から一人の紳士が駆け寄ってきて、「ご苦労様です。どちらからおいでですか?」「私は東京の無償化連絡会の長谷川です。今、小倉から山口の朝鮮学校に向かっているところです」。その紳士は山口朝鮮初中級学校教育会の会長をされている厳章範さんだった。私が掲げている「朝鮮学校にも高校無償化を!」の旗を見つけて、思わず駆け寄ってきてくれたのだった。旗の威力を実感して、門司港に向かった。

　門司港から船に乗って、目と鼻の先にある下関へ。降りてからハタと気がついた。山口朝鮮初中級学校へはどちらに進んだらよいか、見当もつかない。学校に電話して道を尋ねたのだが、初めての土地であり何度聞いても要領を得ない。しかたなく最初に進む方向に見当をつけて、歩きだした。しばらく進むと、どこからか拡声器で演説している声が聞こえてきた。声につられて進むと20人ぐらいの一団が街頭宣伝をしているではないか。話の内容は「安保法制に反対する!」というもので、『これは仲間だ』と直感した。近づいていくと、私の旗を見てなんとその人たちが一斉に私に手を振るではないか。『しめた、彼らに聞けば学校までの道を教えてくれるに違いない!』。

　一団の端っこに並んで、隣の人に尋ねた。「山口朝鮮学校へ行くには、どうしたらいいですか?」「今マイクを握っている人が一番詳しいから、演説が終わったら訊いてみてください」と言う。終わるまで旗を立てて並んだ。偶然とは不思議なものである。流暢な演説をしていた人が、次の日に予定されていた「モンダンヨンピルコンサート・ＩＮ下関」実行委員長の内岡貞雄さんだった。事務局長の鍬野保雄さんと一緒に、私を車で学校まで送ってくれたのである。学校では、あくる日のコンサートの準備でてんやわんや。呉栄哲校長に、「明日またコンサートでお目にかかりましょう」と告げ、ホテルへ。

6月23日

　午前中、一人で下関市内を散策。午後、モンダンヨンピル（朝鮮語で「ちびた鉛筆」の意。１８０頁参照）のメンバーと下関勤労福祉会館の会場で合流した。代表のクォン・ヘヒョさん（韓国ドラマ『冬のソナタ』のキム次長役として日本でも一躍有名になった）、事務総長のキム・ミョンジュン監督（北海道の朝鮮学校の寄宿舎に寝泊まりして記録映画『ウリハッキョ』を製作）、親友の尹志守さんと再会し、全国行脚をスタートしたことを告げる。尹志守さんはモンダンヨンピルの日本側の窓口をされている。

　夜は素敵なコンサートと、懐かしいメンバーと心ゆくまで交流した。教育会の厳さんとも、ゆっくり話すことができた。

6月24日

午前中、山口朝鮮初中級学校を正式に訪問し、授業参観する。女性同盟の金静媛さんが、手作り感あふれる保健室を見せてくれた。昼休みに、鍬野保雄さんに学校周辺の集住地区を案内してもらった。学校周辺は以前、朝鮮人部落があった。現在は日本人も居住するようになったが、道路は細く複雑に入り組んでいて、戦争直後の一世、二世の生活が困難を極めていたことをうかがわせた。鍬野さんの解説が心に沁みた。午後はモンダンヨンピルのメンバーと一緒に、下関の史跡巡りをした。下関は秀吉時代の朝鮮侵略の拠点の一つであり、その時代の史跡が数多く残されている。

考えてみれば、日本と朝鮮半島との長い交流の歴史の大半は、大陸からの先進的な技術や仏教、思想などを取り入れる窓口として相互に尊重し合い、良好な相互親善関係を築いてきたのだった。日本の伝統文化と呼ばれているものは、稲作をはじめ、焼きもの、織物、建築、医学など、朝鮮半島を経由して伝えられてきたものが多い。秀吉の時代と明治維新以降の近現代史だけが、暗く恥ずべき侵略の歴史として刻まれている。私たちは長い間続いてきたよき時代にもっと目を向けるべきであり、東アジアの真の平和的友好的関係を取り戻す努力をすることこそ必要だと思う。

6月25日

内岡貞雄さんの案内でモンダンヨンピルのメンバーと一緒に、長生炭鉱フィールドワークに参加した。私は正直、それまで宇部にある長生炭鉱の存在を知らなかった。山口朝鮮学校の中級部（中学のこと）の子どもたちも同行してくれた。床波海岸の海から突き出ている２本のビーヤ（排気筒）が、長生炭鉱が存在していたことを無言で知らせていた。ビーヤの向かい側にある西光寺の物置小屋に無造作に放置されていた位牌を見つけた日本人が、長生炭鉱出水事故の犠牲者の位牌だと気づき、事故の全貌が明らかにされたのだった。

１９４２年2月3日の朝、坑口からおよそ1キロメートル付近の坑道の天盤崩落によって海水が侵入し、１８３人が犠牲となった。そのうち１３６人は日本が植民地支配した朝鮮半島から強制連行された、あるいは生活苦から渡日を余儀なくされた朝鮮人であった。当時、事故の詳細は市民に知らされず、長い間この事実は闇に葬られていたのだが、位牌を発見した日本人の努力によってその史実が明らかになり、１９９２年から事故の日に合わせて韓国から事故犠牲者の遺族を招いて追悼式が開催されている。２０１３年には念願の追悼碑が建立され、「長生炭鉱追悼ひろば」と名づけられた。このひろばで慰霊式が毎年行なわれるようになった。

西光寺で山口朝鮮学校の中学生から、事故のあらましについての紙芝居を見せてもらった。内岡さんからの解説を聞いた後、「追悼ひろば」で追悼集会が行なわれた。モンダンヨンピルのメンバーが、追悼の演奏をした。

昼食を海岸で食べた後、モンダンヨンピルのメンバーに別れを告げ、一路広島に向けて歩きだした。薄暮の中を新山口に到着し、ホテルを見つけて宿泊。暗くなる前にホテルに入らないと、街灯のない国道2号線は真っ暗になり、田んぼに落ちかねないことがよくわかった。「午後7時までには必ずホテルを見つける」という貴重な教訓を得た。

6月29日

国道２号線と山陽本線の間に歩道が整備されていた。瀬戸内海を挟んで周防大島の山並み。

柳井市の中国やない火力発電所付近の工場地帯。

２階の露天風呂が極上の宮浜グラントホテルの庭で、従業員に写してもらう。

6月30日

ホテルの値段が高いので、宮島口に戻る。連絡船から見る安芸の宮島。

宮島での旗を掲げた一人デモの途中。

6月26日

6月とは言え、日本列島は例年にない酷暑に襲われ、真夏の太陽が容赦なく照りつける。20キロ超えの荷物を背負い、旗を担いでの行進はかなりきつい。休憩時にいったん荷物を下ろすと、背負うのに一苦労。流れる汗も半端ではない。この日は、防府のホテルに入った。夜に山口の金静媛さんから「明日在日一世の梁川福心さんに会いに行くので、一緒に行きませんか？」と電話が入った。「急ぐ旅ではないので、行きます」と二つ返事で答える。

6月27日

防府の市議会議員・田中健二さんがホテルに訪ねてきてくれた。杉並の友人の津和崇さんからの紹介だった。朝鮮学校支援についての話に花が咲いた。田中さんが帰った後、金静媛さんがホテルまで車で迎えに来てくれた。

93歳の梁川福心さんは、「子どもたちや先生方、オモニやアボジを励ましたいという思いで、すべての朝鮮学校を回るつもりです」という私の話を聞いて、たいへん感激されていた。福心さんのお書きになった『くず鉄一代記』（私家版）という分厚い本をプレゼントしてくださった。苦労に苦労を重ねて生きてこられたとは思えないすべすべの手で、握手を求められた。「私はもうこんな体になってしまいましたが、日本人のあなたがこんなに私たちのことを思ってくださって、本当にありがとう！」。このような出会いがあることを、出発前には想像もできなかった。この日は徳山のホテルに泊まる。

梁川福心さんからご著書をいただく。

6月28日

翌朝、在日三世の富田相仁さんが差し入れをもってホテルに来てくれた。初対面だが、私のつたないフェイスブックの投稿を読み、感動して来てくれたのだった。富田さんによると「岩国まではホテルがないのではないか？」ということだったので、テントを持参していない私は、岩国まで在来線に乗ることを決断した。山陽本線の車窓からの景色に心を洗われる思いであった。

瀬戸内海の地方都市にもいくつか朝鮮学校はあったのだが、児童数の減少で統廃合が進み、今は、山口と広島、四国、岡山、兵庫、大阪だけになってしまった。

歩いていると、突然携帯が鳴った。「長谷川さん、今、山口県を歩いているのですよね？」。元NHKのディレクターで、武蔵大学教授の永田浩三さんからだった。「安倍のおひざ元の山口で、高校無償化の旗を立てて歩いていて危険じゃないですか？」「いえいえ、まったく心配はいりません。もう30人ぐらいの人に声をかけられましたが、ちょっと変だったのはたった一人のおじいさんだけです。あとは皆、励ましの挨拶ばかりでしたよ。感激したのは、孫を連れて散歩されていた方が駆け寄ってきて、『私は高校教員でしたが、こんなこと（高校無償化排除）は絶対してはいけないことです。がんばってください！』と声をかけられたことです」。永田さんは、「今原稿を執筆しているところですが、マスコミ報道と世情は随分違うことがわかりました」と安心されたようだった。道中『そうなのだ！　世の中、捨てたものではない』と感じる場面がたくさんあった。

岩国には午前中に到着した。ホテルに荷物を預けて、錦帯橋を一人デモすることにした。錦帯橋は初めてだったが、のぼりを立てての一人デモで渡るのも楽しかった。川では鮎釣りする人の姿を眺め、佐々木小次郎の銅像などを見て楽しんだ。ホテルに帰ってから、たまっていた洗濯をする。

6月29日

瀬戸内海は、実に穏やかな海だ。国道2号線はよく整備されているのだが、歩く者にとっては厄介である。しっかり歩道が整備されているところも多いのだが、逆に街路樹があるところでは長い旗竿が引っかかる。また、ところどころで自動車専用道路となってしまうことも厄介だ。「ここから先は、歩行者と自転車は通行不可」という看板が出てくると、どう進めばよいかまったくわからない。こっちに進めば元の2号線に戻れるという指示がないと、進む道を勘で決めるしかない。右に行くか左に行くか、それが問題である。30分ほど進むと、道路標識に今来た町の名前が出てくるではないか！　こうなるとまた元の場所まで戻るしかない。止むを得ず、戻って反対に進む。とにかく暑い。タオルを頭に巻いているのだが、すり抜けた汗が目に染みる。山岳部の経験は、本当に役立った。空が急に暗くなったときは、雨宿りの場所を探す。案の定、篠突く雨に見舞われることもしばしばだった。

大分疲れがたまっているのを感じて、早めにホテルを探そうと思っていた矢先、ぽつぽつと雨が降り出した。目に飛び込んできたのは、宮浜グランドホテルの看板だった。今晩はこの温泉に決めた。値段もさることながら、素晴らしい温泉宿だった。部屋は2階にあり、部屋の前は露天風呂だ。瀬戸内海を望む露天風呂は、広々していて実に爽快、客は私一人だけだった。夕日に輝く静かな瀬戸内海の眺望を独り占めして、極楽を久しぶりに味わった。

6月30日

宮浜グランドホテルから宮島口までは、目と鼻の先だった。そのまま広島に向かうと予定より1日早くなるので、宮島観光をしていくことに決めた。船で宮島に渡る。宮島は2度目の訪問だが、観光客が多いのに驚く。島の中を無償化の旗を立てて、一人デモを敢行した。

宮島のホテルで値段を尋ねて驚いた。どこも高いのだ。昨日も大幅な出費だったので、島内での宿泊をあきらめ宮島口の安宿に宿泊した。島内のホテルの4分の1もしなかった。

7月1日

広島のオモニ会、支援者と西広島の「サプリ」で。

7月2日

平和公園内にある韓国人原爆犠牲者慰霊碑の前で。

7月3日

広島朝鮮初中高級学校の屋上から眺める校庭と広島市街。

広島は幼稚園、初級部、中級部、高級部が全部そろった数少ない学校。幼稚園の教室で。

全校生徒が長い長いアーチを作り、送りだしてくれた。

7月4日

「サプリ」の目の前の土手に上って北側を写す。

7月1日

宮島口から一路広島へ。私の勘では3時間ぐらいで広島に着くと思っていたが、見事に外れた。なかなか広島が近づいてこない。広島の村上敏さん（元広島高教組委員長で広島の朝鮮学校支援の中心人物）から電話が入る。「もうすぐ着くよ！」と返事をするが、ピッチが上がらない。しびれを切らしたオモニ会の金由美さんから、車で迎えに行くと電話が入る。疲れ切った体を考えると、意地を張っている場合ではない。素直に厚意に甘えることにした。

西広島にある「サプリ」（飲食・健康施設）に到着し、村上さんやオモニたちの歓迎を受ける。広島は、第二のふるさとと言っても過言ではない場所だ。8月4日から6日まで行なわれる広島原水禁大会には毎年参加してきたし、8月5日の晩は、語り部の佐伯敏子さん（私がもっとも影響を受けた語り部）と、平和公園の供養塔前で徹夜で語り明かすのが常だった。また、東京教組が行なっている「広島子ども派遣団」でも、3月に指導員として広島に何度も来ていた。

「高校無償化」の闘いに携わるようになってから、村上敏さんやオモニたちと毎年交流を重ねてきたのだから、故郷に帰ってきたように感じるのも当然のことだった。「サプリ」での歓迎会では、寄せ書きをいただき、旅の疲れも吹き飛んだ。広島の宿は、金由美さんのご厚意で、「アジト」と呼ばれている場所に泊まらせていただいた。泥のような眠りに落ちた。

7月2日

朝は「サプリ」で朝食。昨日参加できなかったオモニ会のメンバーが朝食会に来てくれた。「長谷川さんと一緒に、フェイスブックを見ながら歩いていますよ」という励ましのエールもいただいた。

この日、午後4時までに広島駅の新幹線口に来るように指示されていたので、のんびり広島の平和公園を一人デモする。「アジト」から平和公園に向かい、公園内を一周した。韓国人原爆犠牲者慰霊碑（33頁）にも、手を合わせた。この慰霊碑は、1970年4月10日に平和公園の対岸の本川橋西詰めに建立された。私も以前何度か訪問していたが、『なぜ、平和公園内に建てられなかったのか？』と疑問に思ったものである。市民の間にも「民族差別ではないか？」という声が上がり、1999年7月、公園内に移設された。原爆投下時には、朝鮮人が数多く広島にいた。広島大本営の建設や、近隣のダム建設に動員されていたのだ。祖国を遠く離れ無念の死を遂げた朝鮮半島出身者の気持ちを考えると、その後の被爆者手帳の配布や戦後補償の問題などの日本政府の対応を問わざるを得ない。日本の責任は極めて重い。朝鮮民主主義人民共和国の被爆者には、まったく支援の手が差し伸べられていないことに、どれだけの日本人が気づいているだろうか？ さまざまな思いが頭をかすめる。

平和公園でも何人かに声をかけられた。「暑いのにご苦労様。がんばってください」。旗を立てて歩くことは、大いに意義があることだと思う。

広島駅は連絡通路が整備され、南口から北口に旗を立てながら歩いて行くと、巨大な横断幕が目に飛び込んできた。「長谷川和男さん全国行脚、熱烈歓迎」。懐かしい広島の仲間が出迎えてくれた。その夜の懇親会は、熱い交流の場になった。

7月3日

この日は「アジト」を早朝に出て、❻広島朝鮮初中高級学校に向かった。新幹線口から北へ進み、子どもたちの通学路になっている崖の細道を進む。正門につくと子どもたちが待っていて、熱烈な歓迎を受ける。美しい校舎、広々とした校庭、広島市内を一望できる見晴らしは、何度訪れても感激する。体育館で30分ほど講演させてもらった。花束をいただいて、最後は子どもたちの作る手のアーチをくぐって退場した。あとからあとから子どもたちが並びなおして、正門のところまでアーチが続き、子どもの一人が「先生、今度は四国の朝鮮初級学校に行くのですよね。弟がいますから、声をかけてください」。うれしいじゃないですか。子どもたちに私の想いが届いているのだと、熱い感情が込み上げてきた。日本人として朝鮮学校を応援し、子どもたちを励ましたいという私の想いは、確実に伝わっているのだ。帰りに原爆ドーム前を通った時、絵を描いている方から声をかけられた。「毎日よくがんばるね。昨日も見たよ。明日は台風だから、気をつけて」。なんだかみんないい人に見えてくる。

7月4日

今日は台風の直撃で休養日になった。「サプリ」のオーナーの梁明子さんのご厚意で、酸素のカプセルに1時間入らせてもらった。疲れが一挙に抜ける。「サプリ」の目の前の土手に上がると、広島の川のあるのどかな風景が広がっていた。午後からは強烈な暴風雨になった。

汗と埃に耐え、洗濯にも耐えてくれた洋服たち。

7月5日

四国朝鮮初中級学校は小高い山の上にあり、
樹木に囲まれた校庭は壮観だ！

7月5日

四国朝鮮初中級学校での歓迎のようす。
子どもたちの生き生きした表情に注目！

7月8日

カンカン照りの猛暑が午後３時過ぎると一転、雷雨となり慌ててゴアテックスに着替える。

7月9日

広島と岡山の県境は山また山、スコールのような雨に遭遇。たちまち国道２号線は川となる。

7月5日

早朝6時、金由美さんが車で宇品港に送ってくれた。

宇品港から高速フェリーに乗って、松山港へ。瀬戸内海の美しい景色を満喫して松山港に着くと、教科書問題で以前から交流のあった高井弘之さんたちが出迎えてくれた。港から、四国の仲間が事務所として使っている住宅に入り、広島の村上さんと合流した。ここから四国朝鮮初中級学校まで、デモ行進をした。途中、激しい雷雨に見舞われる。

❼四国朝鮮初中級学校は、多くの朝鮮学校がそうであるように、小高い山の上にあった。全校児童16人という小さな学校だ。子どもたちがミニ公演を準備してくれて、一緒に七夕飾りを作った。短冊には、「全国行脚貫徹！　ウリハッキョを全部回るぞ！　無償化を勝ち取るぞ！」と書いた。

「一人はみんなのために、みんなは一人のために」。

朝鮮学校では、どこの学校でも掲げている教育目標だ。この学校で、それが見事に息づいていることを実感した。車いすのチョンファンくんをさりげなく、しっかりと支える子どもたちの姿に感動した（42頁）。

夜は事務所に戻って、交流会。体調が悪いにもかかわらず、今治市から奥村悦夫さんが来てくれた。奥村さんは弁護士なしで裁判闘争を何度も闘っている闘士だが、そんなことはおくびにも出さない穏やかな人だ。

7月6日

午前中、道後温泉に寄り、みんな一緒に温泉につかって疲れを癒した。四国の皆さんに別れを告げて、村上さんの車でしまなみ海道をとおって村上さんの家に向かった。車窓から眺めるしまなみ海道は、実に美しかった。いつの日かここを歩いて渡りたいという感情が、ふつふつと沸きあがってきた。この日は、村上さん宅に泊めていただいた。

7月7日

福山の鞆の浦海岸にある「朝鮮通信使史跡」を、村上さんに案内してもらった。日本と朝鮮との交流の歴史をしっかり学ぶことができて、たいへん有意義な時間を過ごした。おたがいに学び合い尊重し合う良好な関係が、朝鮮と日本の間には長く続いていたのだ。不幸な歴史は、豊臣秀吉の時代と日清戦争以降の近現代史だけである。私たちは、そのことを忘れてはならない。国史跡の対潮楼は「国第一景勝地」とされ、美しい景観と「朝鮮通信使史」に関する資料が展示されていて必見である。

7月8日

福山駅から徒歩で岡山に向かう。真夏の太陽は容赦なく照りつけ、暑い！　長男から激励の電話があり、すれ違ったおじさんからは「どこから？　何？　福岡から！　よくがんばるね！」と励まされた。途中、雷雨に遭遇する。空があっという間に暗くなり、スコールのような雨で国道2号線は川になってしまう。なんとかファミリーレストランに飛び込んで難を逃れる。天気の回復を待ってまた歩きだす。この日は笠岡グランドホテルに宿泊した。

私は二人兄弟である。3つ年上の兄は、私と違って何事も計画的で、努力家だ。その兄から道中、よく携帯に電話がかかってきた。「しばらくフェイスブックに投稿がないが、大丈夫か。いったん帰って来い」「そこから先は宿泊施設がないぞ。電車に乗りなさい」「在日の方には大分歓迎されているようだね。日本人は、ともかくとして」。やはり弟をいつも心配してくれているのだ。兄のアドバイスはいつも的確で、大いに励まされる。「日本人にどう伝えるか」を考えなければならない。

7月9日

早朝4時に起きて洗濯をする。乾燥機があるので大助かりだ。午前中はカンカン照りだが、午後になると毎日のように夕立になる。広島と岡山の県境は山道だ。重い荷物が肩に食い込み、荷物を降ろして休憩する場所を探すのも一苦労だ。うっかり旗を忘れて、取りに引き返すこともあった。雨になるとザックカバーを付けて、ゴアテックスの雨具を装着するのだが、通気性があるとはいえ、かく汗の量が増える。

またしても国道2号線が自動車専用道路になった。右への道を選択するとだんだん道が細くなった。構わず進むと、雲行きが怪しくなってきた。コンビニやレストランはもちろん自販機すらない。道はぐんぐん高度を上げる。はるか彼方に峠が見えるところまで来ると、激しい雷雨になった。何よりも雷が怖い。旗竿に落雷したらひとたまりもない。一軒の農家の軒先に逃げ込んだ。ものすごい雷雨で小一時間雨宿りをするが、一向に止む気配がない。峠近くの大木に落雷したのが見えて、すっかり戦意喪失。このままでは日が暮れてしまうと焦っていた時、農家の玄関におばあさんが見えた。「倉敷に向かっているのですが、道に迷ってしまいました。この近所に、宿泊できるところはありませんか?」「バス停までは歩いて2時間かかる。タクシーを呼びましょうか?」「お願いします」。おばあさんの優しい計らいで、助かった。ほどなく到着したタクシーのおかげで、どうにかホテルに入ることができた。

長谷川さんを支えた食欲。
7月17日の食事。

7月10日

岡山朝鮮初中級学校の生徒たちが拍手の出迎え。

岡山朝鮮初中級学校の広々とした校庭での体育の授業風景。

7月12日

岡山朝鮮幼稚班を田んぼの中に見つけた時の喜びは忘れられない。

かわいい子どもたちとの対面。

7月13日

広島平和公園で集団デモ。デモ行進の後はドーム前で街頭宣伝とビラ配り。

在来線で広島にとんぼ返り。汗水たらして
歩いた国道２号線が一瞬で後ろへ。

7月14日

広島から高速バスで岡山に戻った。高梁川
をはさんで水島工業地帯を望む。

7月15日

岡山と兵庫の県境も山道が続く。猛暑の
中時折吹く涼風に、ほっと一息。

7月10日

心配した村上さんが、ホテルに車を飛ばしてきてくれた。一緒に倉敷市水島にある❽岡山朝鮮初中級学校を訪問した。全校生が拍手で歓迎してくれた。岡山朝鮮初中級学校は全校生87名、朝鮮学校としては比較的大きな学校だ。すべての教室を授業参観させてもらい、子どもたちと先生方の前で挨拶させてもらった。

オモニ会の人たちと学校を支えるために、財政・運営・地域との関わりについてじっくりと懇談した。この学校もオモニ会ががんばっているが、アボジ会もオモニ会を後ろから支える素晴らしい関係がつくられていた。オモニ会の中で西東京第一初中級学校の先生をしていた方がいた。私が普通学級の担任として特別支援を必要とする子を積極的に受け持ってきた話をすると、「私も西東京で片方の腕がない子を受け持ちました。その時はとても素敵なクラスになりました」と言う。まさに我が意を得たりであった。夜、岡山の支援者と交流した。どこでも大歓迎である。

7月11日

倉敷のホテルから途中道を間違えながらも23・4キロメートルを歩きとおし、日没寸前になんとか岡山グランドホテルにたどり着いた。

7月12日

ホテルを早朝に出発し、岡山朝鮮幼稚班に向かう。岡山朝鮮幼稚班は、ホテルから9キロ離れた岡山平野の中ほどの岡山市藤田にあった。電話で場所を確認したのだが、探すのは困難を極めた。田んぼの広がっている田園風景が続き、あちらこちらで「朝鮮幼稚園をご存知ないですか？」と尋ね歩くが、皆「わからない」との答えであった。最後に自動車修理工場で尋ねると、やっと情報を得ることができた。教えられた場所の周辺を探し、ようやく見つけることができた。

田んぼに囲まれた真新しい建物が、岡山朝鮮幼稚班だった。看板を見つけた時の感激は忘れられない。子どもたちの歓迎の歌を聴き、先生方やオモニ会のメンバーと懇談した。私が阿佐ヶ谷にある東京朝鮮第九初級学校の話をすると、オモニの一人が「私の妹が第九の卒業生と結婚して、阿佐ヶ谷に住んでいます。その妹が、第九に幼稚園がないことを残念がっていました」と言った。岡山で第九の話が聞けるとは思いもよらなかった。

在日の皆さんはさまざまなところでつながっていて、情報は全国に瞬く間に広がる。「毎日長谷川さんの投稿をチェックし、全国の朝鮮学校がつながっていることを実感できてうれしかった」との言葉に、私のフェイスブックでの投稿も無駄ではないことを確認できた。

帰り際、園長先生が「すぐそばに以前朝鮮学校があった場所があるので、見ていきますか？」と言ってくださる。喜んでお願いし、車で送ってもらった。「以前そこの校長をされていた方が、現在ボランティアで子どもたちの送り迎えをされています。送り迎えの仕事は、本当に忍耐です」と話されていたちょうどその時、その方とすれ違った。車を止めて、挨拶させてもらった。おそらくすべての朝鮮学校で、こうした目に見えないところで支えている人がたくさんいるのだ。

7月13日

「午後4時から平和公園で大宣伝活動をする」との村上さんからの指示で、在来線で戻ることになった。原爆ドーム前で学校関係者、支援者など30人を超えるメンバーが、広島地裁判決前のチラシ配りと街頭宣伝活動を行なった。終了後、平和公園内をデモ行進した。全国5カ所で行なわれている「高校無償化裁判」（166頁参照）の最初の地裁判決が7月19日の広島だ。初戦で勝利して、なんとか大阪地裁判決の勝利につなげたいと願わずにはいられない。広島の「アジト」に宿泊。

7月14日

広島から高速バスで岡山に戻り、岡山市内を散策。しばしの休養と、たまった汗まみれの衣類を洗濯する。岡山のホテル泊。

7月15日

岡山のホテルから、国道2号線を東進する。40分ほど歩いて景色のいいところで写真を撮ろうとすると、タブレットがない。思い出してみると、ホテルのフロントで荷物を背負う時に机の上に置いたことを思い出し慌てて引き返した。1時間半のロスは大きい。容赦ない真夏の太陽が照りつけ、滝のように汗が流れる。水分補給のポカリスエットは、みるみる減っていく。雷雨も難儀だが、カンカン照りは容赦なく体力を奪っていく。岡山県と兵庫県の間は、山間の道が続く。川沿いの道になると、時折涼しい風が吹いてほっとする。

やっと見つけたファミリーレストランで休憩中、朴賢美さんから電話が入った。「今どこですか？　フェイスブックを見て長谷川先生を探しているのですが、見つかりません」。場所を告げると、しばらくして朴さんが到着した。「何か必要なものはありませんか？」と言うので、私が「衣類が汗臭くて閉口しています」と告げると、近くのドラックストアでスプレー式のにおい止めを購入して差し入れてくれた。感謝感激である。

朴さん曰く「国道2号線を行ったり来たりしたが、ホテルらしきものは見当たりませんでしたよ」とのこと。相生まではホテルがないらしい。仕方なく近くの駅まで車で送ってもらって、電車で相生に向かい、駅前のホテルに宿泊した。

7月16日

林田川にかけられた大きな橋を渡る頃、
いよいよ熱中症の症状が出はじめた。

7月18日

築50年の西神戸朝鮮初級学校の校舎は、
耐震補強の改修工事がすすめられていた。

竹馬に乗って無心に遊ぶ西神戸朝鮮初級学校の子どもたち。

7月19日

広島朝鮮初中高級学校の高校生が、広島地裁前にチマチョゴリの制服姿で続々と集まってきた。

広島地裁の会議室で開かれた抗議の記者会見に集まる支援者。

7月16日

相生から姫路まで、30キロメートル近い距離を歩かなければならない。ホテルを8時に出発して歩き始めた。20キロを超える荷物と暑さに悩まされ、なかなかピッチが上がらない。悪戦苦闘して山間の道を進み、林田川にさしかかった。またまた自動車専用道路の登場だ。はるか川下に迂回せざるを得なかった。疲れは頂点に達し、吐き気に襲われた。山岳部の経験から、こういう状態になると、1時間以内に体を休めないと熱中症になる危険がある。休憩できるところが見つからないと焦っていると、突然白い車が止まり、窓が開いて「長谷川先生ですか?」と尋ねるではないか。私の苦戦している様子をフェイスブックで知った李友子さんが、国道2号線を行ったり来たりして、私を見つけてくれたのだ。「歩かないとだめですか? せめて荷物だけでも運ばせてください」。地獄に仏とはこのことだ。喜んで荷物を積んでもらった。「荷物は姫路まで運びますから、ホテルが決まったら電話ください。すぐ届けます」。なんともありがたいことである。姫路まであと13キロ、それまで時速3キロに落ちていたペースは、荷物がなくなったので一挙に上がった。

しかし無慈悲にも国道2号線はトンネルとなり、道に迷ってしまった。左へ右へ行ったり来たりしたが、皆目見当がつかない。うろうろしているところへまた車が止まった。

今度は西播朝鮮初中級学校の1年生と5年生を乗せたオモニの車だった。まだ姫路までは大分距離があった。「今話題の長谷川先生ですね。乗ってください。これから姫路に帰るところです。みんなに長谷川先生を乗せたと自慢しちゃおう!」。みんなに助けられての全国行脚となった。姫路市内のホテルに入り、李友子さんに電話した。ほどなく荷物を届けてくれた。オモニの皆さんが、こんなに私を心配してくれている。「絶対に全国行脚を成功させよう!」。私の決意は不動のものになった。

7月17日

オモニの皆さんのおかげで1日余裕ができた。ホテルに連泊して姫路城の一人デモを敢行した。姫路城は別名「白鷺城」と言われ、きれいに塗り替えられた白壁が美しかった。旗を立てて場内を行進した。天守閣を間近に見る休憩所で休んでいると、見回りの人が飛んできて「場内での旗は禁止です!」と言われてしまった。でも、ほとんど回り終わっていたので素直に旗をたたんだ。1日の停滞日のおかげで、体を休めることができた。兵庫の日朝友好兵庫県民の会の川端勝さんから電話があり、「明日は11時30分に新長田駅にお迎えに行きます」とのことだった。

7月18日

早朝5時に起床し、新幹線と在来線を使って新長田駅に向かう。ロータリーで川端さんと落ち合い、車で❿西神戸朝鮮初級学校へ。西神戸朝鮮初級学校は、1階部分の改修工事が行なわれていた。「朝鮮学校と私」というテーマで授業をさせてもらった。子どもたちからの質問攻めにあった。「日本人なのに、どうしてこんなに朝鮮学校を応援してくれるのですか?」」。炎天下に重い荷物をしょって、70歳のおじいさんが歩いて朝鮮学校を回っているのが不思議だったのだろう。「長い間朝鮮学校と交流してきて、朝鮮学校の子どもたちの素直さ、一生懸命学ぶ姿に感動して、大ファンになってしまったのです」と答えた。

昼食は元祖平壌冷麺の店でご馳走になった。やはり元祖なだけあって、実にうまい冷麺だった。新長田の街は鉄人28号の巨大なモニュメントがあり、靴の街だけにハイヒールのモニュメントもつくられていた。

明日は広島地裁の判決日、新幹線で広島に帰った。

7月19日

朝から落ち着かない。なんとしても勝ちたいという気持ちがおさえられない。こんなに素敵な子どもたち、こんなにがんばっている朝鮮学校の先生たち、歯を食いしばって子どもたちを通学させているオモニやアボジ、彼・彼女らの気持ちを考えると勝訴判決をなんとしても勝ち取りたいと願うばかりであった。

広島地裁前には、学校からチマチョゴリの制服を着て行進してきた子どもたちが続々集まってきた。私は傍聴券を回してもらい、法廷に入った。韓国からもモンダンヨンピルのメンバーやソン・ミヒさん(「ウリハッキョと子どもたちを守る市民の会」共同代表で、韓国での朝鮮学校支援運動の中心人物)などたくさんの人が詰めかけていた。

裁判長の声が、静まり返った法廷に響き渡った。「原告の訴えを棄却する」。その後、判決要旨を読み上げた。それを聞いて、怒りがふつふつとこみ上げてくるのをおさえることができなかった。「朝鮮学園が就学支援金を、本来の目的に充当するかどうか判断できない」。『何をたわけたことをぬかすか! 私は朝鮮学校を訪問して、給料の遅配、欠配を度外視して子どもたちの未来のために働いている若い先生方を見てきた。遠くから通学する子どもたちを、ボランティアでバスの送り迎えをしている方々を見てきた。雨漏りしても、バケツをそこかしこに置いてしのいでいる現実を裁判長は知っているのか?オモニたちが、学校運営資金を作るためにキムチをバザーで販売し、どれだけ苦労しているか知りもしないで、よくこんなでたらめな判決が書けるものだ!』。裁判長の無知と偏見を絶対に許すことはできない。就学支援金を別の目的に使えるような余裕など、朝鮮学校にありはしないのだ。朝鮮学校の現実を知っている者として、こんな不当判決を許してしまった責任をひしひしと感じた。日本人として、本当に恥ずかしい限りである。

外に出ると、学生たちやオモニたちが泣きながら抗議のシュプレヒコールを繰り返していた。広島朝鮮初中高級学校に戻って、体育館で報告会が行なわれた。不当判決に決して屈しないという決意がつぎつぎと語られ、意気さかんな報告集会になった。

絶対に負けるものか!

7月20日

神戸朝鮮高級学校の近代的な美しい校舎を背景に。

郵便はがき

料金受取人払郵便

神田局
承認

5111

差出有効期間
2020年11月
30日まで

101−8791

507

東京都千代田区西神田
2-5-11出版輸送ビル2F

㈱花伝社 行

ふりがな
お名前

お電話

ご住所（〒　　　　　　　）
（送り先）

◎新しい読者をご紹介ください。

ふりがな
お名前

お電話

ご住所（〒　　　　　　　）
（送り先）

愛読者カード

このたびは小社の本をお買い上げ頂き、ありがとうございます。今後の企画の参考とさせて頂きますのでお手数ですが、ご記入の上お送り下さい。

書 名

本書についてのご感想をお聞かせ下さい。また、今後の出版物についてのご意見などを、お寄せ下さい。

◎購読注文書◎

ご注文日　　年　　月　　日

書　　名	冊　数

代金は本の発送の際、振替用紙を同封いたしますので、それでお支払い下さい。
（２冊以上送料無料）

なおご注文は　FAX　03-3239-8272　または
メール　info@kadensha.net
でも受け付けております。

7月21日

伊丹朝鮮初級学校の校舎は、落ち着いた色調
と造りが素敵で、３階は講堂兼体育館。

尼崎朝鮮初中級学校の生徒の前で、全国の朝鮮学校を
回ろうとした私の想いを伝える。

神戸朝鮮初中級学校の広々とした校庭。朝鮮学校は学校ごとに校庭の広さが大きく変わる。

7月22日

西播朝鮮初中級学校の真新しい校舎の玄関。
終業式に参加させてもらった。

西播朝鮮初中級学校に併設されている幼稚園の玄関。

7月23日

兵庫県宝塚市の大林寺で毎年行なわれている、福島朝鮮初中級学校中学生の保養風景。

7月20日

起床5時30分。金由美さんが広島駅まで車で送ってくれた。新幹線と在来線を乗り継いで垂水駅へ。垂水駅に着いて川端勝さんと落ち合い、⓫神戸朝鮮高級学校に向かう。この日は朝鮮高級学校の学生に加え、兵庫県内の中学3年生が神戸朝高に集まるという。学校説明会である。そこで私が話をすることになっていた。

体育館に集まったたくさんの生徒を前に、私が全国行脚に踏み切った理由や、2010年から「高校無償化」からの朝鮮学校排除に反対する連絡会を結成して、ずっと闘い続けてきたあらましについて話した。子どもたちは真剣に耳を傾けてくれて、その優しいまなざしから大いに勇気づけられた。

その後、授業参観。すべてのクラスを見学した。午後は、クラブ活動も見せてもらった。校長先生に案内されて見学している時、「これから見るボクシング部には国体に出場する生徒がいます」と説明を受けた。若い先生が、学生のパンチをグローブで受けるスパーリングをしていた。ものすごい迫力だった。

夜には神戸朝高の先生方が、歓迎会を開いてくれた。ボクシング部の顧問の金潤徳先生もいる。心が一つになって、素晴らしい交流ができた。帰りにホテルまで先生方が送ってくれた。店を出るとき私が旗を立てようとするのを見て、「夜ですし、立てなくてもいいのじゃあないですか?」「いや、これが今回の全国行脚のルーティーンですから」と答え歩きだすと、見ず知らずの人からたちまち声をかけられた。「朝鮮学校だけ外すなんて、ひどいですよ。がんばってください!」。先生方は目を丸くして、「旗の威力は、たいしたものですね!」とびっくりしていた。

帰り際に川端さんから「明日は3校回ります。長谷川さんは歩きたいでしょうけど、私の車で回りますから、7時頃ホテルに迎えに行くので朝食を済ませておいてください」。了解してホテルに入った。

7月21日

ホテルの朝食は7時からだった。朝5時起きして支度を整え、外に出て牛丼屋で朝食を済ませた。ホテルのロビーで川端さんを待つが、7時を過ぎても来ない。電話を何度もかけるが、通じない。せっかくだから、ホテルの朝食も食べることにした。2回目の朝食、『我ながらよく入るものだ!』と感心した。

8時を過ぎても電話が通じないので、慌てて1校目の訪問校の⓬伊丹朝鮮初級学校に電話する。「川端さんと連絡が取れないので、タクシーを呼んでこれから急いで向かいます」「タクシーはかえって時間がかかります。電車で向かってください」という。やむなく電車に飛び乗り、だいぶ遅れて伊丹朝鮮初級学校に到着。子どもたちが首を長くして待ってくれていた。短い講演となったが、子どもたちに精一杯の話をさせてもらった。講演の途中、川端さんが会場に来てくれてほっとする。

次の⓭尼崎朝鮮初中級学校に向かう。伊丹の校長先生が尼崎の校長先生に連絡してくれて、「慌てなくても間に合う」と言ってくれた。昼食をご馳走になり、最後の⓮神戸朝鮮初中級学校に向かった。

神戸朝鮮初中級学校は、阪神・淡路大震災の地震で壊滅的な被害を受けたが、今はきれいに再建されていた。中級部の生徒を前に、30分間話をさせてもらった。つぎつぎと質問も出されて、自分で言うのもなんだが、なかなかいい授業になったと思う。「長谷川さんがこの暑さの中で、私たちのために全国行脚をなさっているのはなぜですか？」という質問が出された。「自分のためにやっているのです。自分が誇りと尊厳を持って生きていくために、自分の体力を活かしてできることをやっているのです」と、偽らざる率直な気持ちを話した。

校長室に戻ると、2歳ぐらいのかわいい女の子とお母さんが待っていた。たどたどしい声で「がんばってください」と、お母さんと一緒に手作りしてくれたミサンガ（編み物の腕輪）を差し出した。こんな感動的な場面を、出発前にだれが想像できただろうか。お母さんから話を聞くと、神戸朝高のボクシング部顧問の金潤徳先生のお子さんだった。校長先生に姫路のホテルまで送っていただいた。

一日3校の訪問は、やはりきつい。写真の撮影は、ほとんどできなかった。今後は、1日2校までとしようと思った。

7月22日

土曜日だったが、⑮西播朝鮮初中級学校の終業式に参加させてもらった。西播朝鮮初中級学校は大きな学校で、幼稚園児を含め200人近い子どもたちが通っている。子どもたちに話をさせてもらった。姫路まで車に乗せてくれたオモニの顔も見えた。初級部の子どもたちにもわかるようできるだけ平易な言葉で自分の気持ちを伝えたつもりである。校長室で参加したオモニたちと懇談していると、一人のオモニが携帯を差し出して「母がどうしても長谷川さんに会いたいと言っているので、もう少し待っていてほしい」と言う。ほどなく顔を見せたハルモニは、「名俳優の長谷川一夫さんに一目会いたくて、飛んできました（笑）。私は小学校の時、担任から『なんで朝鮮人の面倒を見なければいけんのじゃ！』と怒鳴られました。同じクラスの朝鮮人の男の子が、こぶしを握り締めて泣きそうな顔をしていたことをはっきり覚えています。私たちのためにこんなにがんばっておられる日本人もいると思うと、どうしてもお目にかかりたいと思ったのです」。

こんな差別の話は、いたるところであったのだと思う。全国行脚をすることで、このような出会いを体験することができたのである。一歩踏み出して、本当によかったと思う。夜は兵庫県民の会の皆さんや先生方と、楽しい懇親会で大いに盛り上がった。

7月23日

川端さんと一緒に、宝塚の大林寺に向かった。大林寺では、福島朝鮮初中級学校の子どもたちと先生を招待して保養が行なわれていた（70〜71頁）。「保養」とは、福島原発事故で放射能に汚染されている環境で暮らさねばならない子どもたちを守るために、何日か安全な場所に宿泊してもらう取り組みである。2012年から毎年この大林寺で、福島の朝鮮学校に通う子どもたちを招いて保養をしているのだった。

何度もお会いしている福島朝鮮初中級学校の金政洙校長と、久しぶりの再会を果たした。この保養は、宝塚の支援者と尼崎朝鮮初中級学校のオモニたちが、食事の世話やレクリエーション企画を引き受けて行なわれている。私と川端さんも一緒に参加させてもらい、宿泊までお世話になった。日帰り温泉にも一緒に参加させてもらった。

7月24日

翌朝、福島の子どもたちとラジオ体操。

7月28日

大阪地裁の歴史的完全勝訴判決！
夜の裁判報告会の１コマ。

7月29日

新幹線で大阪から東京へ、そのまま阿佐ヶ谷の東京朝鮮第九初級学校の夜会に参加。

7月30日

東京朝鮮中高級学校で開かれた裁判報告会
に参加。ここは人工芝のグラウンドだ。

7月24日

早朝のラジオ体操と朝食をともにし、福島の子どもたちや先生方に別れを告げ、大阪に向かった。大阪の学校訪問は夏休みに入ってしまったので、今回は諦めることにした。7月28日の大阪判決まで4日もあるので、のんびり歩こうと思っていた。しかし川端さんの「無理をせずに、少し体を休めたら」という勧めで、宝塚から大阪まで送ってもらうことにした。以前泊まらせていただいた藤井幸之助さんの家まで、住所を頼りにカーナビで探す。何回か迷ったが、やっとたどり着くことができた。兵庫の学校訪問は、川端さんにすっかりお世話になった。川端さんがお世話してくださらなかったら、とても兵庫県内すべての朝鮮学校を回ることはできなかったと思う。心からのお礼を言って、お別れした。その晩は、幸之助さんの家に宿泊させてもらう。

7月25日

254回目となる大阪の「火曜行動」に参加した。幸之助さんの家から大阪県庁と大阪市役所を目指して歩く。以前から一度参加したいと思っていた火曜行動だ。やっと念願をかなえることができた。

県庁前で待っていると、懐かしい長崎由美子さんや大村和子さんの顔が見えた。久しぶりの対面だ。私もマイクを握らせてもらった。終了後、参加者と食事をしながらの懇親会。幸之助さんと待ち合わせて、パッセラム文庫に向かう。ここは彼が開いた朝鮮・韓国関係の書籍を集めた小さな図書館だ。ここで一泊お世話になった。

7月26日

前日に連絡した大阪の伊賀正洋さん、井前弘幸さん、相可文代さんたちから「27日に天満橋で会いましょう」という連絡があった。そこで荷物を担いで、天満橋周辺のホテルを探した。ぐるぐる周辺を回って何軒も当たったが、不調に終わる。最終的にはタクシーを捕まえてホテルを回ってもらい、やっととることができた。ホテル探しも大阪では難しくなっていることを知った。

7月27日

大阪城一人デモをし、教科書問題でずっと協力し合ってきた仲間の伊賀さんたちと交流をした。大阪でのホテル探しに苦労していたことを話すと、以前泊めてくださった方が快く自宅宿泊を申し出てくれた。こうした協力者に、大いに助けられた全国行脚だ。

7月28日

大阪地裁の判決日だ。朝から気持ちが落ち着かない。絶対に勝ちたいという気持ちと、日本の司法の現状を考えて悲観的になる気持ちが葛藤していた。大阪地裁前には続々と人が集まってきていた。入廷し傍聴席で判決を待った。「勝訴判決!」。傍聴席は大きな感動に包まれた。

外に出ると、オモニや学生などたくさんの人が抱き合って泣いていた。藤永壯さんや長崎由美子さん、大村和子さんたち日本人支援者も喜びを爆発させていた。私も一人物陰に隠れるようにして泣いた。裁判長の下した歴史的勝訴判決は、国側の主張をことごとく論破し、朝鮮総聯が朝鮮学校と深いかかわりを持つこと、民族団体が民族教育機関を支援することはごく自然なことであり、不当な支配にあたらないとした。東京弁護団の主張である「無償化法は教育の機会均等を保障するために制定されたものであって、文部科学大臣が規程ハを削除したことは職務権限の逸脱と言わざるを得ない」と結論づけたのである。これで東京が勝てば、無償化裁判の流れは間違いなく私たちに来ると確信した。

夜は東成区の区民センターで開かれた報告会に参加し、その後の交流会も勝訴の喜びが爆発する熱気に包まれた素晴らしい会になった。

7月29日

新幹線で東京へ、40日ぶりの帰京だ。この日は⑯東京朝鮮第九初級学校の「夜会」の日、「サランの会」こと「阿佐ヶ谷朝鮮学校サランの会」の代表として挨拶するように頼まれていた。旗を立て、大きな荷物を背負って、準備の真最中の第九に帰還した。真っ黒に日焼けし、すっかりスリムになった私に、たくさんの人がやさしいまなざしと歓迎の言葉をかけてくれた。

我が家にたどり着くと、庭の草は伸び放題、廃墟のようになっていた。

7月30日

十条の東京朝鮮中高級学校の多目的ホールを借りて、「無償化連絡会」の学習集会が行なわれた。私は大阪判決の報告者に指名されていた。久しぶりのスーツ姿で十条の中高級学校に行った。報告に先立って、大阪判決の映像が流された。感極まって泣いている藤永壯さんの顔が大写しにされた時には、不覚にもマイクの前で私の涙が止まらなくなってしまった。こんなことは初めての経験だった。それだけ大阪の地裁判決の持つ画期的な意義が大きかったのだ。報告にならない報告になってしまったが、参加者も私の気持ちを理解してくれたと思う。

8月19日

夏休み期間は学校訪問ができなかったのだが、この日に⑰西東京第二初級学校の夜会に招待された。「朝鮮学校にも高校無償化を!」の旗を立てての訪問だった。子どもたちや先生方、学校関係者の前で「全国行脚」の報告をさせてもらう。途中からものすごい雷雨となった。「8月末に、静岡から箱根越えをして神奈川に入る計画している」と話すと、在日本朝鮮人登山協会の元会長から「今年は長野の諏訪湖で総会がある。長谷川さんにはぜひ出席してもらいたい」と要請を受けた。箱根越えも魅力だったが、9月3日の諏訪湖での総会と入笠山登山への参加も魅力的だ。現在の会長である金載英さんとは無償化連絡会とのコラボレーションで何度も登山をしていたからだ。そこで長野行きを選択し、長野朝鮮初中級学校訪問を組み込むことにした。

9月5日

長野朝鮮初中級学校で子どもたちと一緒に給食を食べる。

長野県松本市にあるこの学校の周りは田んぼ。支援者が米作りをして給食に提供している。

オモニ会のメンバーは私との話の最中も手を休めない。学校の財政支援のための小物類。見事なでき映えだ。

9月1日

⑱静岡朝鮮初中級学校の訪問である。昨日新幹線で静岡入りし、オレンジホテルに泊まった。6時起床、徒歩で朝鮮学校に向かった。少々道に迷ったが、朱寧春校長が門の前で迎えてくれた。

静岡朝鮮初中級学校は新築の建物で、最新式のオープン教室になっていた。全国の朝鮮学校で初めてのオープン教室で、子どもたちの数に合わせて教室の大きさが調節できる最新式の造りになっている。授業参観の後、子どもたちに1時間たっぷり話をさせてもらった。校長先生は10年以上、単身赴任でがんばっておられるとのことだった。学校訪問を終えると、静岡市役所の教育長に表敬訪問することができた。広範な国民連合のメンバーで、長いこと静岡市議会で活躍された佐野けい子さんの口利きで実現したものだった。校長先生と森正孝さんと一緒に教育長とお会いし、いい雰囲気で教育長と懇談することができた。佐野さんとは久しぶりの再開だった。

森正孝さんは「静岡朝鮮学校・友の会」共同代表の1人で、佐野けい子さんと一緒に支援組織の中心で活動されている。「静岡朝鮮学校・友の会」という名称がいい。私は大変気に入った。森さんとは、朝鮮学校支援の話で大いに盛り上がった。「朝鮮学校支援は、イベント型から日常型へ！」という「サランの会」の活動を話すと、森さんも「全国の朝鮮学校へも、そうした取り組みを広げることが大切だ」と、認識が一致した。

9月2日

静岡駅から身延線で甲府へ。甲府で中央本線に乗り換え、上諏訪に向かった。『上諏訪でホテルを探し、明日華乃井ホテルで朝鮮人登山協会と落ち合えばいい』と考えていた。しかし私の考えは甘かった。上諏訪の駅でホテルを探したが、ちょうど諏訪湖の花火大会と重なっていた。ホテルのフロントに尋ねると「この周辺のホテルは、すべて満室です」という。慌ててエコーバレースキー場の山岳温泉ホテル、アンデルマットに電話した。都立富士高山岳部の1年先輩の高橋信昭さんが経営するホテルで、私も年2回、OB会合宿でお世話になっている。電話すると「なんとか部屋を確保するので、すぐ来い」という返事だった。上諏訪から白樺湖行きのバスが出ていたので、すぐに飛び乗った。白樺湖まで高橋さんが車で迎えに来てくれた。

9月3日

群馬の登山協会メンバーが、北横岳に事前登山を計画していたので、それに合流した。旗を立てて、北横岳に登った。その晩、朝鮮人登山協会のメンバーと華乃井ホテルで再会し、総会に出席。全国の山好きの在日の皆さんと、楽しい宴になった。

9月4日

入笠山に登っている時、私の旗を見て、わざわざ追いかけてきて「がんばって!」と声をかけてくれた人がいた。後でわかったことだが、堀純さんの仲間で、部落解放同盟の方だった。無償化の旗が入笠山山頂にも翻ったのである。

下山した後、電車で松本に入ることに決めた。2018年の西穂高登山でお会いした劉宗哲さんが松本に車で帰るというので、乗せてもらうことにした。松本駅の近くのホテル飯田屋に宿泊。

9月5日

⑲長野朝鮮初中級学校を訪問した。李光相委員長と懇談した。李さんは、雑誌『朝鮮学校のある風景』を発行する金一宇さんと高校、大学で同級生だった。

オモニ会のメンバーと懇談したのだが、これまた感動。オモニたちは学校の財政支援のために、チマチョゴリ人形を手づくりしていた(81頁)。懇談の最中に片時も手を休めない。これが現実なのである。広島の不当判決で裁判長が言った「就学支援金が何に使われるかわからない」という判決理由が、いかに朝鮮学校の実態を知らない偏見に満ちたものであるか、一度でも朝鮮学校を訪問すればわかることである。予断と偏見に満ちた裁判官が、日本の司法界に多数いることを嘆かざるを得ない。

長野の学校のすぐ隣の田んぼで、朝鮮学園を支援する長野県民会議のメンバーがお米を育てていた。毎年、田植えや稲刈りを子どもたちと一緒に行なって、収穫した米は給食に使っているとのことだった。

夜は、県民会議や学校関係者と交流することができた。翌朝、いったん東京に帰ることにした。

9月11日

人工芝の敷き詰められた川崎朝鮮初級学校。

南武朝鮮初級学校の屋上から写した、広々とした校庭。

9月19日

中大阪朝鮮初級学校の校庭は、運動会練習の真っ最中。
先生の指導に熱が入る。

東大阪朝鮮初級学校の綺麗な校舎と
人工芝が敷き詰められた校庭。

9月11日

朝から1日かけて、神奈川の朝鮮学校をすべて回ることにした。⓴南武朝鮮初級学校訪問を皮切りに、神奈川県内にある5つの朝鮮学校を1日で回った。神奈川朝鮮学校支援で活躍している朴在和さんに先導してもらった。

最初に南武朝鮮初級学校を訪問。入口で校長先生や子どもたちの歓迎を受けた。幼稚園児13人、初級部28人の学校で、校庭では運動会の練習がさかんに行なわれていた。子どもたちにミニ講演をさせてもらった後、授業参観をした。

2校目は、㉑川崎朝鮮初級学校。

3校目は、㉒鶴見朝鮮初級学校附属幼稚園である。1946年に初級部が作られ、1953年幼稚園が全国の朝鮮学校で最初に作られたとのことだった。今は幼稚園だけが、運営されている。

4校目は㉓横浜朝鮮初級学校、最後は㉔神奈川朝鮮中高級学校だった。2つの学校は同じ敷地内に作られていた。横浜朝鮮初級学校では、舞踊部と音楽部の練習風景を見学させてもらった。その後、歓迎公演を見せてもらったが、舞踊も歌もレベルの高さに驚いた。ここで鍛えられて中高級学校に進むのだから、神奈川朝鮮中高級学校の部活が全国のトップレベルになるのはうなずける。中高級部の全生徒の前で講演し、その後学年ごとに記念撮影をした。子どもたちや先生方のまなざしに、私を歓迎してくれているやさしさと親しみを感じ、本当にうれしかった。

夜は神奈川県内の学校関係者と日本人支援者が20人以上集まり、懇親会が盛大に行なわれた。

9月12日

いよいよ東京地裁の運命の判決が下される前日、㉕東京朝鮮中高級学校を訪問した。慎吉雄校長から「子どもたちに気合を入れてもらって、明日の判決に臨みたい！」とのお話を受けていた。

十条に降り立つと、金生華教務主任が出迎えてくれた。旗を立てて学校に向かった。東京朝高につくと、講堂前で体格のいい高級部の学生が騎馬を作って私を上に乗せて入場してくれた。講堂を埋め尽くした中高級部の生徒全員が、拍手で迎えてくれた。私は、なぜ全国行脚に踏み出したか、これまで朝鮮学校を訪問して感じたさまざまな思いについて、言葉を選んで精一杯話した。「皆さんが真剣に学び、全力で部活動に打ち込み、友だちと励まし合って学校生活を送っている姿こそ、私たち日本人の心を打つのです」。

校長室で慎吉雄校長は、「明日の判決がどういう結果になろうとも、私たちはいつものように朝鮮人としてのアイデンティティを育み、日本と朝鮮の架け橋になる人材を育成する教育をすすめていきます」と力強くお話しされた。

不当判決！　大阪に続いての勝訴を勝ち取ることはできなかった。

9月13日

地裁前では無償化連絡会共同代表の森本孝子さんが「日本の司法は死んだ。裁判所に良心はないのか！」と怒りに震え、涙ながらに訴える声が、地裁前に響き渡った。大阪に続いて東京で勝てれば、全国にこの流れが広がると考えていただけに、本当に悔しかった。弁護団の方々は、私より何十倍も悔しかったに違いない。

不当判決にもかかわらず、夜の報告集会をした８００人収容の日本教育会館ホールはあふれんばかりの人で埋め尽くされた。参加者の心は折れていなかった。「諦めずに闘っていれば、必ず勝利する！」という確信に満ちた決起集会になった。私も「全国行脚」をやり遂げるという決意が、ふつふつと沸き起こってくるのを感じていた。

9月18日

新幹線で大阪に入り、大阪にある10校と和歌山、奈良、京都、滋賀、三重、岐阜を、一挙に回る計画である。現地の学校の都合に合わせて計画していただいたが、現実はかなり無理をしていただくことになった。

9月19日

最初に訪問した㉖大阪朝鮮第四初級学校には、「朝鮮高級学校無償化を求める連絡会・大阪」事務局長の長崎由美子さんがご一緒してくれた。「うちの学校は恵まれています。幼稚園児22人、初級部78人、１００人の子のほとんどがコリアンタウンから通学しています」と、金哲校長はうれしそうに語った。朝鮮学校生徒の大部分は、バスを使った遠距離通学なので、校長先生のお話が実感としてわかる気がした。

校庭では、子どもたちの運動会練習が行なわれていた。先生の指導を真剣に聞き入る子どもたちの姿が印象的だった。

２校目は、㉗東大阪朝鮮初級学校。幼稚園児29人、初級部91人、初級部91人のうち奈良から電車通学をしてくる子が12人いる。校庭は人工芝が敷き詰められていて、幼稚園児が裸足で楽しそうに遊んでいた。

この日最後は、㉘中大阪朝鮮初級学校だった。金采玹校長が最初に案内してくださったのは、歴史資料室だ。中大阪朝鮮学校は国語教習所から始まり、東成朝鮮学園としてこの地に建てられた。しかし日本政府の学校閉鎖令によって大阪市立西今里中学校となり、中大阪朝鮮初中級学校を経て現在の中大阪初級学校になった。その変遷にもかかわらず、一度も移転せずこの地に立ち続けているのだった。まさに戦後の朝鮮学校がたどった歴史、苦難と喜びに満ちた歴史が見事に展示されていた。私はこのような貴重な資料、在日朝鮮人が心血を注いで民族教育を守るために闘ってきた歴史を残すことが大事だと強く感じた。たくさんの日本人に、ぜひ見てもらいたい。夜は「大阪朝鮮第四初級学校9・19決起集会」に参加し、その後大阪の人たちと交流した。

9月20日

生野朝鮮初級学校の人工芝。運動会用のラインは子どもたちが引く。

城北朝鮮初級学校。運動会の練習で、元気に手を
振って行進する子どもたち。

9月22日

東大阪朝鮮中級学校の校庭。
東京に比べるとかなり広い。

9月20日

最初に、㉙生野朝鮮初級学校を訪問した。梁学哲校長は、在日朝鮮人ボクシング協会の会長をされている方だった。生野の朝鮮学校は、幼稚園児57人、初級部153人の計210人で、初級学校としては日本最大である。生野区は済州島出身者が多く、子どもたちは、徒歩と自転車で通学している。こうした学校は、広すぎる通学区域を抱えている学校に比べて恵まれている。

2番目に㉚城北朝鮮初級学校を訪問した。日本の朝鮮学校の中で最も古い木造校舎だ。「城北ハッキョは、隣の特別支援学校とは学期に1回交流し、森口市立寺方小学校とは35年も交流を続けています」と、高暢佑校長は語っておられた。交流が現在も続いていることに感激した。こうした交流が、もっと広く展開されることを期待したい。

私は杉並区立堀之内小学校時代、1、2年生を連れて阿佐ヶ谷の東京朝鮮第九初級学校と交流していた。あの平壌宣言の後に起こった「拉致問題」をめぐる朝鮮バッシングの中で子どもたちがどんな反応をするか気をもんでいたが、現実は「先生、第九のお友だちから年賀状をもらったよ！」とうれしそうに見せてくれた子どもたちを見て、子どもたちは政治とは無関係だったことに安心した。おまけの話だが、数年前の第九の夜会の時に、赤ちゃんを連れた若いお母さんが、彼女の母親と一緒に私を見つけて駆け寄ってきた。「ここに来れば先生に会えるかと思ってきたら、先生がいたのでうれしくなって声を掛けました」。若いおばあちゃんは、「この子は先生がしてくださった交流授業から、すっかり朝鮮学校のファンになったのです」という。バザーの時にも、別の子がお母さんと駆け寄ってきて、「先生、うちの子は韓国に留学するほど、朝鮮学校に親近感を持っているのです。交流授業のおかげです」とうれしそうに語ってくれた。朝鮮学校と日本の学校との交流は、自然な形で共生社会の担い手を育てることができるのだと実感したエピソードである。

最後は、㉛北大阪朝鮮初中級学校を訪問。大阪弁護団の普門大輔弁護士は、広島判決、大阪判決、東京判決をわかりやすく解説してくださった。私も全国行脚のエピソードとそれまでに学んだ朝鮮学校の印象を率直に語らせてもらった。夜は、南大阪朝鮮初級学校のオモニ会が主催する「南大阪学区地域緊急学習会」に参加した。

9月21日

㉜大阪福島朝鮮初級学校を訪問。金信男校長は大阪朝高ラグビー部監督をされていた方で、がっしりした体格だが、やさしく、熱く語ってくれた。「幼稚園児8人、初級部26人の小さな学校ですが、少人数でも質の高い民族教育を実現していることに誇りを持っています」。そうした自負が、厳しい状況でがんばる先生方を支えているのだ。

次の㉝南大阪朝鮮初級学校も、幼稚園児7人、初級部24人の全校生31人の小さい学校だった。1949年開校当時は初中級学校としてスタートしたが、統廃合が進み現在の形になったそうである。

両校とも授業参観をさせてもらったが、3～4人のクラスでも先生が1人付いて学んでいる。2学年合同の授業も展開されていた。

2つの学校はいずれも少人数の学校だが、専任の先生を多く配置し、時間講師も含めて手厚い教育を実現させている。当然子どもたちの授業料だけでは、学校を財政的に支えることはできない。オモニやアボジ、卒業生や地域の在日の方々が必死で支えていることがわかる。朝鮮学校の教育会も財政を支え、質の高い民族教育を支えるためにどれだけ努力を続けてきたか、私の教員としての経験から想像してもよくわかる。「高校無償化制度の修学支援金が何に使われているかわからない」といった主張が文科省や裁判官から発せられると、朝鮮学校の実情をあまりにも知らなさすぎることに憤りを覚える。

　朝鮮学校の少人数という特徴は、日本の学校にもある過疎地の学校と同じ悩みを抱えていると思われる。しかしその悩みは、多くの朝鮮学校で実践されている「子どもたちの主体性を育む教育の実現！」という点で、見事に克服しているように感じる。少ない人数の中で逆にそれをチャンスとして、活躍する場面をたくさん作りだして、自分を表現することのできる子どもたちが育っているように思う。運動会でも学芸会でも一人何役もこなしながら活き活きと活躍する子どもたちを見ると、感動してしまう。この日は天王寺の都ホテルに宿泊した。

9月22日

34東大阪朝鮮中級学校は中級部だけの単独校だ。全校生徒297人、朝鮮学校で中級部単独の学校はここだけである。人数が多いだけあって、サッカー部、ラグビー部、男女バレー部、男女バスケット部、卓球部、空手部、吹奏楽部、舞踊部、民族楽器部が活動している。これだけの数のクラブ活動が行なわれていることに感動した。

　午後からは、大阪最後の訪問校となる35大阪朝鮮高級学校だ。ドキュメンタリー映画『60万回のトライ』で有名になった学校で、生駒山の麓、花園ラグビー場のすぐ近くに建っていた。『60万回のトライ』は、ここ大阪朝高ラグビー部の活動を映像化した。前に報告した福岡朝高の金奈奈先生は、この映画に登場した高校生時代の「ナナさん」だ。

　校長先生は、「ラグビー部だけではなく、多くの部活で大きな成果を上げています」と胸を張った。全校生徒265人、日本の学校に比べて全体の人数が少ないにもかかわらず、朝鮮学校のクラブ活動の活躍が目立つのはなぜだろうか。その答えの一つが、私の高校時代に所属した都立富士高校山岳部が、山登りの技術を先輩から教えてもらったのと同じようなことが行なわれていることにあると思う。冬山の雪上訓練や岩登りの三点確保、テントの張り方、パッキング、懸垂下降の技術などすべては先輩OBから教えてもらった。朝鮮学校の先生は、みな部活動の経験者である。ほとんど全員がなんらかの部活動に入っている。自分の母校に勤める人も多い。また、厳しい生活事情の中で退職せざるを得なくなった先生も、退職後ボランティアで部活の指導をされている方も多い。こうした目に見えない力が合わさって、朝鮮学校のスポーツクラブや舞踊部、民族楽器部、合唱部の質の高さが維持されているのだと思う。

　大阪朝高でも、講演させてもらった。「『60万回のトライ』を見て、橋下徹府知事（当時）がラグビー部の花園での活躍に期待していると表明した舌の根の乾かないうちに、補助金をカットした非道を許せません。ただ、すべての日本人がそう考えていると思わないでほしい。日本人の中にも皆さんのがんばっている姿に感動し、朝鮮学校を応援したいと考えている人もたくさんいることを忘れないでください」という私の気持ちを、率直に訴えさせてもらった。夜は大阪で活動している日本人支援者、学校関係者の皆さんと交流した。

9月25日

和歌山朝鮮初中級学校の算数の授業風景。３人の子どもたちに先生がていねいに個別指導する。

１人の中学生に１人の先生が付き、ハードルの体育授業が行なわれていた。

9月26日

奈良朝鮮幼稚班で３人の園児とおとな４人の
支援者がダンスの輪に！

9月27日

京都伏見区にある京都朝鮮初級学校は、
うっそうとした森に囲まれていた。

9月25日

土曜日に和歌山に入り、日曜日は市内を散策休養。月曜日に㊱和歌山朝鮮初中級学校を訪問した。学校に着くと、運動会の練習をしていた幼稚園の子どもたちが私を見つけて駆け寄ってきた。実にかわいく、人懐っこく話しかけてくれた。教室の授業風景を見学させてもらった。たった3人の生徒に1人の先生が付き、ていねいに個別指導をされている姿が印象的だった。少人数のメリットもここにある。一人一人の子どもたちに連れ添い、学習のつまずきにも目が行き届く指導ができていた。

幼稚園児12人、初級部18人、中級部6人、計36人の学校だ。学校のあるこの地域は、1922年頃から石油会社「東亜燃料」の労働者や紀勢線建設に動員された朝鮮人が多く住んでいた。1958年和歌山朝鮮第一初級学校としてスタートし、1961年和歌山朝鮮第一と第二を統合し、さらに幼稚園を併設して1973年に現在の中島地区に新校舎を建設して移ってきたのだった。子どもたちの歓迎公演を見せてもらう。その後、幼稚園の子どもたちと一緒に給食をいただいた。

放課後はじっくりとクラブ活動を見せてもらった。

夜は寄宿舎で、若い先生方と楽しく交流した。寄宿舎は現在、若い先生方の宿泊施設として使われているのだった。鍋を囲んでの交流会では、私も朝鮮で作られ日本で発禁となった「リムジンガン（臨津江）」を歌い、若い先生方と歌ったり踊ったり久しぶりの青春を楽しんだ。私と一緒に肩を組んで歌った先生が、次の年に阿佐ヶ谷にある朝鮮第九初級学校に転勤となることなど、思いもしなかった。

9月26日

早朝7時42分発の電車で和歌山を発ち、近鉄線に乗り換え奈良に向かう。大和八木駅に青年同盟の呉志成委員長が車で出迎えてくれた。㊲奈良朝鮮幼稚班訪問。広い校庭、3階建ての立派な校舎、幼稚園とは思えない外観だ。2008年の3月以降、初中級が休校となったままなのだ。私の訪問に合わせて、金政基理事長、「ハッキョ支援ネットワーク・なら」代表の浅川肇さん、森本忠紀さん、部落解放同盟の伊藤満さんが駆けつけてくださった。

幼稚園では、3人の子どもたちと2人の先生が出迎えてくれた。園児たちと一緒に踊り、かわいい手で肩たたきもしてもらった。3人の園児に、2人の先生がついて指導している。3人の月謝で給料など出せるわけがない。こうした先生方の献身と、陰で必死に支える教育会の方々、オモニ、アボジ、卒業生、そして地域の支援者、この方たちの

「奈良朝鮮初級学校ありがとうございました」。子どもたちのメッセージが書き残されている黒板。

努力によって朝鮮学校は支えられているのである。

その後、校舎内を見学させてもらった。教室には、一時休校になることが決まった時の子どもたちのメッセージがそっくり残されていた(前頁写真)。黒板に色チョークで書かれた文字や絵には、学校への限りない愛着の想いが込められていた。

以前「朝鮮学校への高校無償化排除を絶対許さへん! 緊急集会」に呼ばれて、奈良で講演したことがある。その時、支援者の皆さんが異口同音に「休校になっている奈良の朝鮮学校を、なんとか再建したい!」と話されていたことを思い出した。やっと幼稚園から再建のスタートができたことに、感無量であった。初級部や中級部がいつの日か再建されることを強く願っている。

9月27日

㊳京都朝鮮初級学校を訪問した。朝9時に醍醐駅の3番出口に李東河校長が出迎えてくれた。この学校も広い校庭があり、その校庭を青々とした森が取り囲んでいた。京都の朝鮮学校と言えば、「京都朝鮮学校襲撃事件」を思い出す。在特会(在日特権を許さない会の略)に襲撃されたのは京都朝鮮第一初級学校で、京都朝鮮第三初級学校との統廃合により、現在は京都朝鮮初級学校となっている。

この学校は京都市伏見区にあり、校舎の3階から見る眺望は抜群だ。子どもたちから手紙(下写真)をいただいた。どの手紙も朝鮮語と日本語の両方で書かれていて、私に対する励ましと「勉強も部活もがんばります!」と決意が書かれていた。授業参観をして校長室に戻ると、校長先生が㊴滋賀朝鮮初級学校に連絡をとってくれた。「ここからは近いので、午後に行ってください」とのことであった。昼食をご馳走になり、滋賀朝鮮初級学校に向かった。

滋賀朝鮮学校は琵琶湖のほとりの大津市の木下町にある。醍醐駅から地下鉄で戻り、JR線に乗り換えて膳所駅へ向かった。改札口で鄭想根校長の出迎えを受け、旗を立てて学校に向かった。学校では子どもたちと先生方が総出で迎えてくれた。たいへんな歓迎ぶりで、玄関で記念撮影、全校児童に話をさせてもらった。低学年の子にもわかるように、やさしい言葉を使って話した。

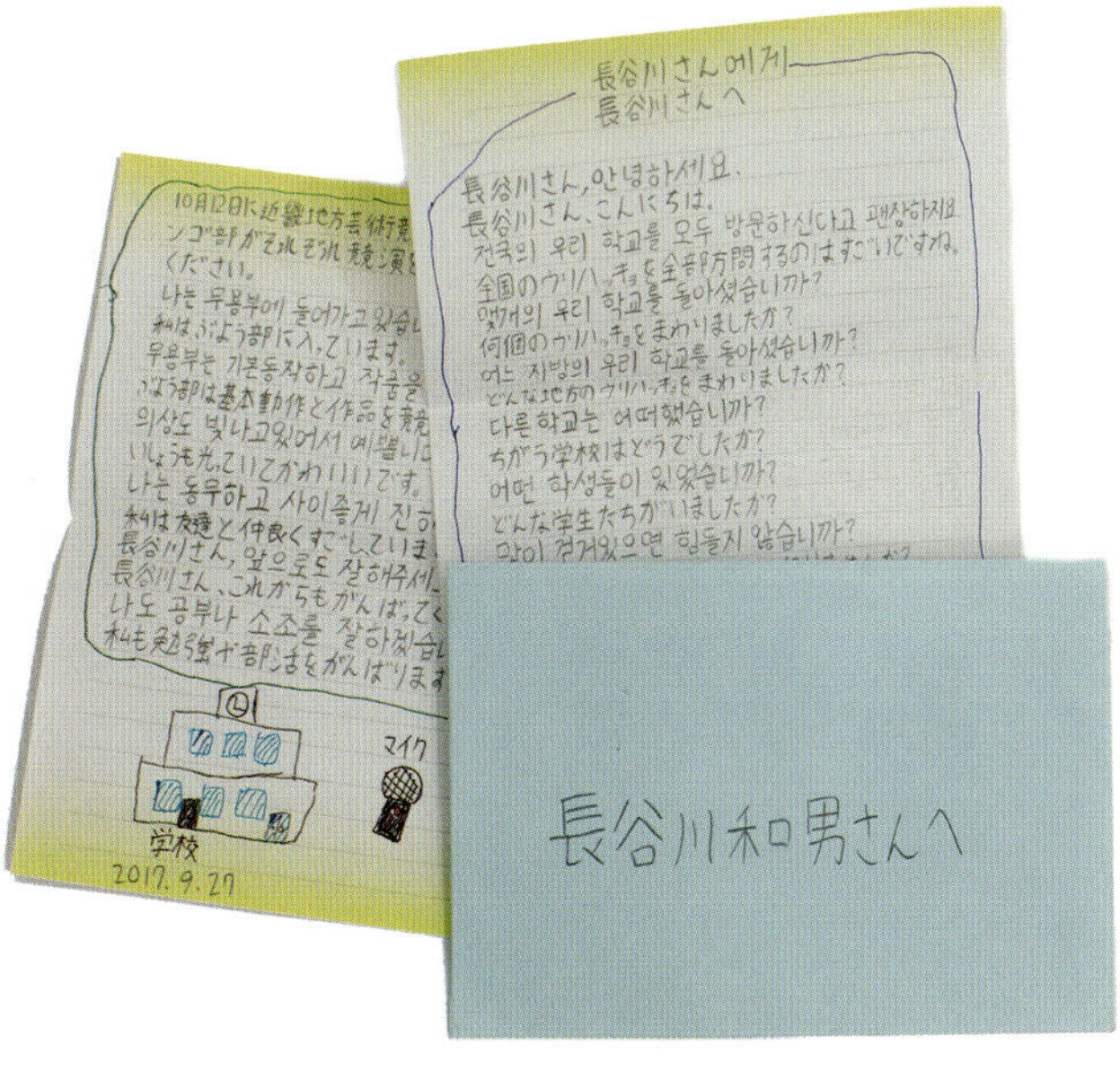

思いもよらず受け取った子どもたちの手紙。そのコトバひとつひとつが私の疲れを吹き飛ばしてくれた。

9月28日

嵐山と桂川に面した京都朝鮮第二初級学校の掲示板。

銀閣寺の脇を抜けて山を登ると京都朝鮮中高級学校だ。
金木犀の香りが漂っていた。

10月1日

今は生徒のいない北陸朝鮮初中級学校。
遊具はまだきれいに残されていた。

福井市南山町にあるこの学校は現在休校中。
伸びた夏草が広い校庭を覆っている。

10月2日

岐阜朝鮮初中級学校の玄関は几帳面に
整えられ、手作り感に溢れていた。

少人数学級の指導風景。2人の児童に1人の先生。

幼稚園児から中級部まで24人がこの広い校庭を存分に利用している。

10月3日

四日市朝鮮初中級学校の校庭の北側に、
幼稚園の校舎と遊具が並ぶ。

中級部の理科の授業、電気抵抗の直列並列つなぎの実験も個別指導だ。

9月28日

膳所駅を8時30分に出発し、京都駅に出て、松尾橋行きのバスに乗った。終点の松尾橋に金栄周校長が待っていてくれた。停留所の裏側に、㊵京都朝鮮第二初級学校がある。嵐山と桂川を望む風光明媚な場所で、高校時代の修学旅行を思い出した。修学旅行でこのあたりを歩いたのだった。今は亡き妻と最後の旅行をしたのも京都であり、ここ嵐山を二人で歩いたことも忘れられない。

校舎はだいぶ古く、壁はいたるところで茶色くなっていた。校舎を囲むフェンスも、老朽化がすすんでいた。それでも子どもたちは元気いっぱい、はじけるような笑顔で元気に学習に取り組んでいた。

午後から㊶京都朝鮮中高級学校を訪問した。学校は銀閣寺と疎水を見下ろす丘の上に建っていた。銀閣寺は幾度となく訪れているのだが、こんな近くに朝鮮中高級学校があったとは、まったく知らなかった。

学校に着いた時は、クラブ活動の真最中だった。こんもりした森の山道を登ると突然視界が開け、校庭では男子サッカー部員が練習の準備をしていた。校長室で学校の説明を受け、クラブ活動見学のために校舎を回った。行く先々で顧問の先生が私を紹介してくれて、文化部ではミニ公演もしてくれた。とにかく感動の一語である。器楽部、合唱部、舞踊部などは完成度も高く、その豊かな表現力に圧倒された。

舞踊部では、後に制作されたNHKのドキュメンタリー番組に出演した生徒も踊っていた。番組では、在特会が京都朝鮮第一初級学校を襲った事件の時、彼女は3年生で学校で死の恐怖を味わいその精神的ショックは尋常でなかったことが描かれていた。本当に許せない事件であった。校舎を回っていると、金木犀が満開でかぐわしい香りが京都朝高の風格を一層際立たせてくれていた。

夜には『ルポ　京都朝鮮学校襲撃時件――〈ヘイトクライム〉に抗して』（岩波書店）を書いたルポライターの中村一成さんや、当時当事者として闘われた朴貞任さん、朴錦淑さん姉妹など京都の学校関係者や支援者による交流会が開かれた。順調に学校訪問が進んでうれしかったこともあり、気持ちよく酒を酌み交わすことができた。

10月1日

翌日は土曜日だったので、福井駅まで電車に乗り、駅前の恐竜のモニュメントなどを眺めながらゆったりと散策した。

日曜日に㊷北陸朝鮮初中級学校を訪問した。この学校は現在休校中である。この日は学校の講堂で「女性同盟結成70周年記念　福井県同胞女性祝賀会」が開催され、そこに全国の朝鮮学校を回っている私が呼ばれたのだった。

福井市南山町にある学校は、豊かな田園風景と里山に囲まれたところに建っていた。学校に近づくと、草が伸び放題の校庭に取り残されているうんていやブランコが目に飛び込んできた。私は、夢中でタブレットのシャッターを切った（104～105頁）。学校に子どもたちがいなくなるということの現実が、そこにあった。北陸朝鮮初中級学校は通学を強く希望しているお子さんが一人いるのだが、現実に対応が困難との判断から休校になっている。いつでも再開できるよう、皆がんばっているそうだ。

交流会が始まると、参加者からこんな声が聞かれた。「朝鮮学校がなくなると、在日社会のコミュニティの拠点がなくなるのです」「昔は山陰地方にもいくつも朝鮮学校があったのに、残念です」。金沢から参加した人からは「長谷川さん、金沢にも来てください」「確か金沢には、朝鮮学校はないですよね?」「朝鮮学校はなくても、在日はたくさん住んでいるのです」。そのとおりだと思う。在日朝鮮人は全国に住んでいる。山陽道にも朝鮮学校がかつてあったところを、たくさん歩いてきた。私の行動を知り、共感して私を応援してくださるのは、そんな思いがあるのだと感じた。

夜には名古屋に戻った。

10月2日

早朝ホテルを出て名鉄線で笠松乗り換え、柳津下車で㊸岐阜朝鮮初中級学校を訪問した。この学校には、幼稚園児4人、初級部8人、中級部12人の計24人が通っている。玄関には子どもたちの作品が、ところ狭しと展示されていた。私の訪問に合わせて、権寧準さんと姜貞姫さんご夫妻が会いに来てくれた。岐阜ハッキョが教員生活のスタートだった私の親友呉伯根さんの話に、花が咲いた。

朴九令校長先生に、校内を案内してもらった。最初は幼稚園児の教室だった。年少の3歳の女の子がこの日のリーダーで、年中の4歳児、年長の5歳児に号令をかけていた。その号令に合わせて、年上の子が動く。校長先生に「3歳児と5歳児では大分開きがあるのに、上手に声をかけていましたね」と感心して感想を言うと、「主体性を育てるのに一番効果的なのは、幼児期だと思います。毎日交代でリーダーを務めさせるようにしています」という校長先生のお話に納得。

岐阜に住み着いた在日一世は、ダム建設や鉱山、乗鞍岳の道路建設などに従事した人たちだった。戦後すぐに赤坂、御嵩、飛騨、稲葉、瑞浪、川辺など7カ所に国語教習所ができ、それらが統合されて岐阜朝鮮初中級学校となったのである。

10月3日

安倉川駅の真ん前にある㊹四日市朝鮮初中級学校を訪問した。授業参観をしながら子どもたち一人一人が、私を歓迎してくれていることがビンビンと伝わってきた。オモニ会会長さん手作りのお弁当を、子どもたちと一緒に食べ、たくさんの質問を受けた。やはり子どもたちの関心は、日本人の私がなぜそこまで朝鮮学校を応援してくれるのかを知りたいようだった。

私が帰る時、子どもたちと先生方、学校関係者の皆さんで駅まで送ってくれた。電車が来るのをプラットホームのベンチに腰かけて待っていると、目の前に見える校舎から子どもたちが練習する太鼓の音が聞こえてきた。温かい感情が、胸一杯にあふれてきた。

10月6日

小雨の文部科学省前「金曜行動」。
久しぶりに参加できた。

10月7日

東京朝鮮第九初級学校の５年生。
「サランの会」手作り一日給食日に特別授業をする私。

10月16日

名古屋朝鮮初級学校では、毎日８台のスクールバスがフル稼働。

名古屋朝鮮初級学校での清掃風景。

10月17日

休校中の愛知朝鮮第七初級学校の校門には、ネットが掛けられていた。

東春朝鮮初級学校の２年生はとても人懐っこい、笑顔が最高。

10月6日

東京に戻り、久しぶりに文部科学省前の「金曜行動」に参加した。朝鮮大学校の学生たちの前で、全国行脚の中間報告をさせてもらった。67校ある朝鮮学校のうち44校を訪問してきたので、演説に熱が入る。「私を駆り立てているのは、皆さんが訴える心の叫びなのです。諦めずに最後まで闘いましょう！」

10月7日

この日行なわれた㊺千葉朝鮮初中級学校の課外授業と、訪朝報告会に参加した。私が代表を務める「阿佐ヶ谷朝鮮学校サランの会」の一日給食と日本人による特別授業もあったので、午前中は給食準備と特別授業に参加した。毎年2学期の「サランの会給食」では、「日本人による特別授業」にも取り組んでいる。私も毎年授業をさせてもらっていた。この日5年生のクラスで「人権」についての授業をした。東京朝鮮第九初級学校の5年生は、全員女子というクラスだった。終了後、直ちに千葉ハッキョに向かった。

千葉では課外授業に加えて、朝鮮民主主義人民共和国訪問団の報告会も行なわれたので、課外授業には間に合わなかったが報告会には参加することができた。新検見川駅から旗を立て、歩いて学校に向かった。学校に入ると、人、人、人であふれかえっていた。訪朝報告会では、私も全国行脚の中間報告をさせていただいた。中級部の生徒も参加していた。終了後の交流会には千葉の支援者、学校の先生方、保護者の方たちが参加され、大いに盛り上がった。

10月14日

神戸の朝鮮学校支援の中心的存在である加納花江さんからの依頼を受け、全国行脚や裁判闘争、朝鮮学校支援のあり方について、映像を交えて講演した。夜は神戸の支援者と交流会が行なわれ、加納さんの家に宿泊させていただいた。

10月16日

神戸から新幹線で名古屋に向かい、㊻名古屋朝鮮初級学校を訪問した。名古屋駅新幹線口から歩いて10分の一等地に、4階建ての立派な校舎が建っていた。幼稚園児81人、初級部１２８人の計１８９人が通っている大きな学校であった。

創立は１９４５年9月25日、半田地域に建設され、２０００年4月1日第一から第三までの初級学校を統合して名古屋朝鮮初級学校に名称を変更し、現在に至っている。通学区域が広く、スクールバスが８台フル稼働している。クラブ活動もさかんで、女子バスケット部は朝鮮学校の全国大会で優勝し、コーラス部や舞踊部など多くの部活で金賞を受賞している。コンピュータ教室も見学させてもらったが、全国から見学者が訪れているらしい。これらの活動を支えるために、「父母会がフル活動しています」と金星年校長が胸を張った。校長先生から「父兄会」ではなく父母会と言われたのを聞いて、ちょっと安心した。私が教員になりたての頃、「父兄会」という行事の表示に対して職員会議で激論になった。「ほとんど母親が出席する行事であり、兄など参加していないのに父兄会というのはおかしい」。結論は父母会になった。朝鮮学校では、まだまだ「父兄会」と言っている学校が多い。オモニ会が大活躍しているのが実態なので、名称変更した方がいいと思う。在日社会でもジェンダー問題については、改善が求められている。

10月17日

早朝名古屋のホテルを出て、JR線で尾張瀬戸に向かった。㊼愛知朝鮮第七初級学校訪問だ。名古屋朝鮮初級学校の校長先生の話では、「第七初級学校の子どもたちは、3年前から東春朝鮮初級学校で合同授業を行なうようになり、現在休校中です」とのことであった。駅で道順を聞いて急な上り坂を上がると、左手に学校らしき入口が見えた。門のところにはネットが掛かっていたが、それをかいくぐって中に入った。小高い丘の中腹に、第七初級学校が静かに建っていた。玄関の壁には、学校の沿革が書かれたポスターが張られている。瀬戸の焼き物に従事した一世が、解放後に勇んで建てたハッキョの歴史が綴られていた。希望に満ちた一世の顔が目に浮かぶようだ。校舎や無人の校庭の写真を撮って、次の東春朝鮮初級学校に向かった。

尾張瀬戸から10分ほどで春日井駅に着くと、線路の向かい側に校舎が見えた。㊽東春朝鮮初級学校は幼稚園児14人、初級部42人の計56人が通っている。3年前に始まった第七初級学校との合同授業も、それまで姉妹校関係にあったのでスムーズにいったらしい。学校内を見学させてもらった。1年生とは一緒にじゃんけんゲームに興じ、3人のクラスの3年生の教室では、1人の児童の誕生日を祝う誕生会に参加し、ケーキもご馳走になった。

授業参観の後に、東春と第七の2人の校長先生、教務主任、教育会の皆さんと、民族教育について話し合った。少ない児童数の学費だけでは、どうしても学校運営資金が足りない。どこの朝鮮学校でも共通する悩みが出された。「就学支援金が、何に使われるかわからない。子どもたちに授業料に弁済されるか確証が得られない」。どこの無償化裁判でも、不当判決にこの決まり文句が繰り返されてきた。私の40年以上の教員生活でも、教育予算がちょっと減らされるだけで教材や教具の節約令が事務職員から発せられてきた。東京でも地方自治体の方針で、自由に教具を注文できないことを何度も経験してきた。朝鮮学校の財政状況を考えると、その苦労は痛いほどわかる。就学支援金を授業料以外のどこに使えるというのだろうか。こんなわかりきった道理を理解しようとしない裁判長に、怒りがこみあげてくる。

10月18日

愛知朝鮮中高級学校は、「桶狭間の戦い」で有名な古戦場跡の丘の上に建っている。

豊橋朝鮮初級学校の玄関。靴箱は靴が整然と入れられていた。

10月22日

栃木朝鮮初中級学校の講堂で、60周年記念式典が開催された。

東京朝鮮第二初級学校の学校公開授業風景。
新築された教室はきれいに整えられていた。

東京都からの立ち退きを求められた枝川裁判に勝利して、
きれいに建て替えられた。

11月13日

東京朝鮮第一初中級学校の人工芝の校庭
では、体育の授業が行なわれていた。

園児たちが楽しそうにお弁当を食べている。
私もお腹が空いてきた。

10月18日

いよいよ㊾愛知朝鮮中高級学校の訪問だ。名古屋駅から名鉄線に乗り、中京競馬場前駅で降りて学校に向かう。坂道を登っていく途中に、桶狭間の古戦場跡があった。愛知朝鮮中高級学校が建っている小高い丘の上で、織田信長は今川義元の大軍を前に、死を覚悟して決戦に挑んだのかもしれない。強大な国家権力に闘いを挑む私たちの姿が、思い浮かぶ。

出迎えに出てくれた子どもたちから拍手が起こり、歓迎の歌が響く。校舎は古いが、緑に囲まれた素敵な学校であった。中級部83人、高級部116人、合わせて199人が学ぶ学校だ。教員20人、職員3人で教育に当たられている。教育実習生がちょうど来ていて「金曜行動で、何度もお見かけしました」と声をかけられた。

通学区域は愛知県、岐阜、三重、長野、静岡、北信越にまたがっている。17人の生徒が敷地に併設されている寄宿舎を利用している。すべての教室を参観させてもらったが、その真剣に学ぶ姿に感動した。偶然にも、オモニ会対抗のバレーボールの親善試合を観戦させてもらった。

午後には㊿豊橋朝鮮初級学校を訪問した。豊橋から柳生橋駅下車、徒歩で学校に向かった。全校生徒は9人、その子たちを3人の専任教員と3人の講師が教えている。どんなに小さい学校でも先生方は、一生懸命に教育に当たられている。舞踊部とサッカー部の指導も行なわれていた。先生たちは全力で子どもたちに愛情を注ぎこむ。子どもたちはその愛情に応えて、先生を信頼し、真剣に学んでいる。教育の原点がそこにある。

後ろ髪を引かれる思いで学校を後にし、名古屋から新幹線で東京に戻り、サランの会に出席した。明日はサランの会の会員で、給食づくりや生まれ故郷の盛岡のリンゴを朝鮮第九の子どもたちに毎年届けてくれた伊藤進さんの告別式だ。行脚の途中だが、なんとか出席できそうだ。

10月22日

(51)栃木朝鮮初中級学校の60周年を祝う記念行事が開催された。台風接近であいにくの雨だったが、新宿から小金井行の湘南新宿ラインで小山まで行き、栃木朝鮮初中級学校を訪問した。初級部6人、中級部5人。計11人の小さな学校で、先生5人、講師3人が教育にあたっている。講堂では記念式典、記念パネルディスカッションが開催され、卒業生や栃木の朝鮮学校で教えた方々、地域の方々を含めて、たくさんの参加者で講堂はいっぱいであった。

子どもたちの公演もあり、最後はみんなで歌い踊る楽しい式典になった。なんといっても、若い方たちのパネルディスカッションが素晴らしかった。先生方や地域で活動している在日の若者、学者になった卒業生たちが熱く話すのを聞いて、朝鮮学校の未来は明るいと感じた。栃木の人たちの情熱は、半端ではなかった。

東京に帰ってからしばらくの間、集会や会議、韓国からの訪問団受け入れなどさまざまな活動に追われた。義母の一周忌の法事も、無事に済ませることができた。

第5歩
流した汗は半端ない
関東〜北海道〜東北〜関東

11月11日

土曜日だったが、学校公開日である52東京朝鮮第二初級学校を訪問した。この日に学校公開授業があり、校長先生とお話しして訪問させていただくことになったのである。枝川にある朝鮮第二は、石原慎太郎元都知事の時代に学校明け渡しを要求され、裁判になった。いわゆる「枝川裁判」である。この時に「枝川裁判」が韓国でも大きく報道され、朝鮮学校支援のきっかけとなったのだ。この学校の歴史を学ぶことは、朝鮮学校を知るうえでたいへん重要だと思う。

日本が朝鮮半島を植民地支配していた１９３８年、幻の東京オリンピック開催のために東京に住んでいた多くの朝鮮人が強制移住させられた場所が枝川である。埋立地の枝川は、まさに「ごみの島」であった。その地に暮らしはじめた朝鮮人は、１９４５年10月に国語教習所を設立し、幾多の困難を乗り越えて現在まで朝鮮学校を守りぬいてきたのである。学校周辺には当時の長屋も残されていて、フィールドワークにはもってこいの場所だ。この地域は現在、豊洲と呼ばれ高層ビルが立ち並んでいる。昔を知っているものにとっては、隔世の感がある。

李花淑校長先生から話を聞いた。「児童数27人の比較的小さな学校ですが、校舎も新しくなり、今児童数を増やすさまざまな取り組みを進めています。たとえば土曜日に日本の公立学校に通っている子どもたちを受け入れ、朝鮮語を教えています。英語、そろばん、書道は日本人の先生がボランティアで教えてくださっています。幼稚園開設に向けても、取り組みを始めています」という。朝鮮学校の敷居を低くする取り組みが、今一番求められているのではないかと、熱く語ってくれた。

11月13日

午後から、53東京朝鮮第一初中級学校を訪問した。この学校は、私にとって思い出深い学校である。もう43年間も続いている「日朝教育交流のつどい」は、私が実行委員を務めた最初がこの学校だった。その時、呉伯根校長（当時）が、雪の降り始めた校庭に七輪を並べ、焼肉パーティを開いた思い出は忘れられない。

この学校は荒川区にあり、幼稚園児65人、初級部１７０人、中級部90人で合計３２５人の子どもたちが通っている。また、特別支援のバンシルバンシル（ニコニコ）学級も併設されている。学区域は荒川区を中心に、台東区、文京区、千代田区、北区、千葉の東葛飾地域からと広い。中級部の舞踊部と民族楽器部は、全国大会で優秀作品に選ばれている。

11月14日

東京朝鮮第三初級学校正門前で全児童の出迎えを受け、民族楽器の演奏まで準備されていた。

11月15日

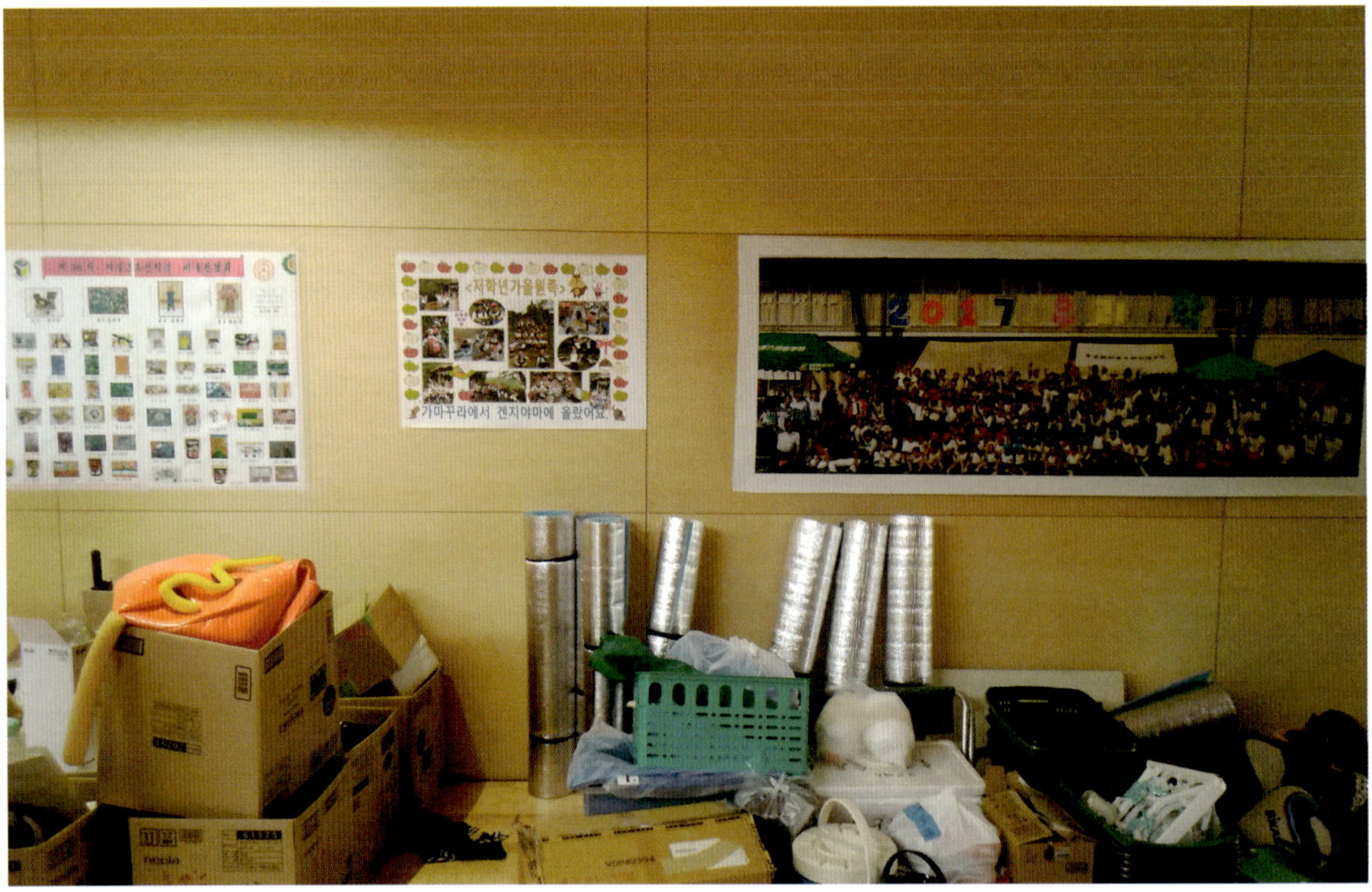

東京朝鮮第六初級学校は建て替えが終わり、
真新しい倉庫の壁に写真が飾られている。

朝鮮学校はどこでも、食後の歯磨き指導が徹底されている。東京朝鮮第六初級学校幼稚園の子どもたち。

11月17日

朝鮮大学校生が始めた、朝鮮高校「無償化」を訴える金曜行動。
「♪どれだけ叫べばいいのだろう〜」の歌声が文科省前で響きわたる。

11月20日

東京朝鮮第五初中級学校の校舎と校庭。サッカーボールが窓ガラスを直撃しないようフェンスが張られている。

東京朝鮮第四初中級学校体育館で
私の歓迎会が開かれた。

西東京朝鮮第一初中級学校屋上から望む夕日に映える校庭。

11月21日

11月22日

埼玉朝鮮初中級学校の全景写真。

図工室での習字の授業を終えて。

11月14日

54東京朝鮮第三初級学校を訪問した。東武東上線の大山駅から歩いて訪問すると、校門の前で全校児童の出迎えを受けた。朝鮮半島の伝統打楽器によるぎやかな演奏と踊りの歓迎を受け記念撮影。子どもたちから握手攻めのフィーバーぶりに感動。オモニ会とアボジ会の代表と懇談し、講堂に集合した子どもたちの前で話をさせてもらった。また特別に6年生の教室では、子どもたちからの質問を受けた。

第三初級学校は、1945年12月8日創立。1962年、運動場になっているところにあった校舎を建て替え、現在の地に移った。道路を挟んで、校舎の向かい側に運動場があるのは珍しい。生徒全員が、電車とバスの公共交通機関を使って通学していることも特徴の一つだった。

11月15日

大田区の池上線千鳥町にある55東京朝鮮第六初級学校を訪問した。康相秋校長から「11時40分に来てほしい」と言われていたが、千鳥町に早く着きすぎてしまった。時間がたっぷりあるのでモスバーガーを見つけて飛び込んだ。朝食を食べたにもかかわらず、コーヒーだけにしておけばよいものをチーズバーガー2個も頼んでしまった。食欲旺盛も困ったもので、全国行脚でせっかく絞り込んだ腹回りが気になる。

第六初級学校は校舎の建て替えが終わり、人工芝の校庭がまぶしい。玄関の目の前に作られた体育館で子どもたちの歓迎を受け、話をさせてもらった。子どもたちに私の話が多少響いたようで、終了後の握手攻めに温かい気持ちになった。

11月19日

十条の東京朝鮮中高級学校で学校公開が行なわれ、中級部と高級部の全クラスで日本人による特別授業が組まれることになった。私も「全国行脚と朝鮮学校」というテーマで、授業をさせてもらった。残念ながら授業者になったので見ることができなかったが、若い日本の先生方がたくさん授業に取り組まれて、画期的な一日になった。初めて朝鮮学校に入った教員も多く、こうした取り組みが日本人の理解者を確実に増やしていくのだと思う。授業後の交流会で「朝鮮学校の子どもたちが素直で、まじめに学習に取り組んでいることに感動した。来年も機会があればぜひ授業をさせてほしい」と異口同音に感想を述べていた。慎吉雄校長と先生方の英断に、拍手を送りたい。

11月20日

午前中に56東京朝鮮第五初中級学校、午後に57東京朝鮮第四初中級学校の2校を訪問した。

東京朝鮮第五初中級学校は墨田区八広にある。墨田区教職員組合が取り組んだ同和教育の実践は、日本教職員組合の全国教育研究集会でも毎年レポートを出していた。そのレポートは私も憧れを持って読ませていただいたものだ。無償化連絡会共同代表で、実質の事務局長の役割を担っていただいている森本孝子さんは、この時代から何度も顔を合わせていた。また、朝鮮学校と同和問題は歴史的に深い関係があり、部落解放同盟の方で朝鮮学校支援に取り組んでいる方も多い。部落解放同盟の堀純さんは、「無償化連絡会」の結成当時から重要な役割を果たしてくれている。

東京朝鮮第五初級学校でも大歓迎を受けた。

午後に訪問した足立区の東京朝鮮第四初中級学校は、堂々とした立派な校舎で、初級部91人、中級部34人、計125人が通っている。その95パーセントが、足立区内に住んでいる。呉英哲校長の話では、この学校の特徴は、足立区に在日の皆さんがたくさん居住していて結束が強いこと。何か問題が起きると、オモニやアボジ、卒業生が飛んできてみんなで協力して解決してきた歴史を持っている。

教育会会長の金秀彦さんは、私が杉並区の堀之内小学校に勤めていた頃、何度も子どもたちを連れて交流した、当時の東京第九の校長である。「日朝教育交流のつどい」を東京第九で開催した時も、お世話になった。帰りには、金秀彦さんの実家の焼肉屋でご馳走になった。懐かしい話に花が咲いた。

11月21日

立川市にある㊿西東京朝鮮第一初中級学校の訪問だ。西東京第一は、私にとって「朝鮮学校支援の何たるか」を教えてくれた貴重な学校である。西東京地域では、西東京第一と第二の両方を支援する「ウリの会」こと「立川町田朝鮮学校支援ネットワーク・ウリの会」ができていた。その活動は20年の歴史を刻む。朝鮮学校支援のお手本そのものであった。そもそも「高校無償化」からの朝鮮学校排除に反対する連絡会は、2010年3月に「ウリの会」の呼びかけで始まったのだ。私が代表を務める「サランの会」も、「ウリの会」を手本にして活動を進めてきた。「ウリの会」は、「チマチョゴリ友の会」「ハムケ共に」「オッケトンムの会」など多摩地域にある朝鮮学校支援組織がいくつも集まって結成された。活動はユニークで、キムチ販売や毎月500円カンパ運動などで西東京の両校を支援している。とりわけ松野哲二さんが中心になって毎年府中の森公園で開催されている「朝鮮文化とふれあうつどい」は、支援運動の手本として必見である。朝鮮学校支援で独自の境地を切り開いた西東京第一の訪問に、私の胸は躍った。

西東京第一は、初級部と中級部合せて142人が通っている。校庭は人工芝で、校舎も立派である。子どもたちに出迎えられて学校に入ると、体育館で歓迎の公演を見せてくれた。心のこもった演奏や歌に感動し、その場で私からのメッセージを話させてもらった。中級部の一クラスで、私も参加して座談会が行なわれた。やはり子どもたちの関心は、私がなぜ朝鮮学校を応援しているか知りたいのだ。質問を受けるたびに、私の経験と気持ちを正直に話した。

11月24日

新千歳空港に降り立ち、待望の
北海道朝鮮初中高級学校へ。

北海道朝鮮初中高級学校の校内にある歴史資料館。

11月25日

北海道朝鮮初中高級学校の雪の降り積もった校庭。
酷暑の「全国行脚」のスタートを思い起こして感無量！

「第22回日朝友好促進交換授業会」での
日本人教員による図工の授業。

11月27日

八木山動物公園から山道を登り、東北朝鮮初中級学校にやっとたどり着いた。門だけがかつての面影を残している。

東北朝鮮初中級学校。2011年の東日本大震災で
壊滅的被害を受けた。ここはかつての校舎跡。

東北朝鮮初中級学校は、震災前は高級部もあり、
大きな鉄筋校舎と寄宿舎があった。
今もまだプレハブの校舎で授業をしている。

プレハブ校舎での授業風景。

11月22日

60埼玉朝鮮初中級学校を訪問した。実はこの学校を訪問する前に、川口の59埼玉朝鮮幼稚園を訪問しようと思っていたが、現在埼玉朝鮮幼稚園はこの学校内に移転していたのである。「正午に学校に来てほしい」との校長先生の要請があったのだが、大宮駅に11時前に着いてしまったのでハンバーガーショップに入って時間をつぶす。しばらく学校周辺を散策していたが、もうそろそろいいのかなと思って校門を入るとビックリ。子どもたちが一列になって私を待ち受けている。しかも吹奏楽部の演奏付きだった。花束を受け取り、校舎に入る。教務主任が、校舎内を幼稚園から順に案内してくれた。校長先生は社会科の授業をされていた。

この学校は、幼稚園児37人、初級部113人、中級部75人という大きな学校だった。通学バスは3台、学区域は埼玉県内全域である。この学校には「サランの会」の忘年会を行なう「スタミナ苑」の息子さんが勤務されている。一生懸命授業をされていた。私が教室に入っていくと、にっこり会釈をしてくれた。

11月24日

全国行脚もいよいよゴールが見えてきた。スタートは2017年6月20日、真夏の酷暑との闘いの連続だった。締めくくりの北海道は真冬の寒さで、空港に降り立つと雪が舞っていた。北海道の朝鮮学校は、モンダンヨンピルの事務総長で映画『ウリハッキョ』のキム・ミョンジュン監督が撮影した舞台になったところである。一度は行きたいと常々思っていた学校で、期待が膨らむ。

札幌は、雪が積もり凍結していた。北海道の冬は日没が早く、午後4時には日が暮れる。

61北海道朝鮮初中高級学校に着くと、校長先生が出迎えてくれた。すぐに念願の寄宿舎の一室に案内してくれた。

北海道の朝鮮学校には、素晴らしい歴史資料室がある。案内されて見学したが、在日一世の苦難に満ちた歴史が貴重な資料と豊富な写真と共に展示されていた。照明を含めて工夫されていて、たくさんの人にぜひ見てもらいたいと思う。日本人は、過去の歴史に目を向け、加害の歴史こそ目を背けずに学ぶ必要がある。

この日は温かい寄宿舎でぐっすり眠った。

11月25日

北海道の朝鮮学校で「第22回日朝友好促進交換授業会」が開催された。この取り組みの主催者は、北海道朝鮮初中高級学校、札幌市教職員組合、北海道の朝鮮学校を支える会の三者である。それも22年間も続いている行事であることに驚かされた。1997年に始まった交換授業は、2002年の平壌宣言以降始まった「拉致問題」をめぐる「北朝鮮バッシング」の中で、「こんな時だからこそ、広げよう」と続けられてきたのだ。交換授業を見学させてもらった。たくさんの公立学校の現職の教員が、さまざまな教科の授業を行なっていた。授業が終わると、日本の先生と朝鮮学校の先生がこの日の授業について意見を述べ合う研究協議会が開かれた。私も東京第九で授業を何度もさせてもらっているが、研究協議会を開いたことはない。これも一つの方法だとたいへん参考になった。

11月26日

飛行機で仙台空港に向かい、仙台市内のホテルに宿泊した。どうも風邪をひいたらしい。微熱がありそうなので、外に出ずに早く寝てしまった。

11月27日

たっぷり睡眠をとったので、朝にはどうやら熱は下がったようだ。仙台駅から地下鉄で八木山動物公園に向かう。八木山動物公園で、朝鮮学校の道順を駅員に聞いて出発した。道は上り坂になり、次第に山道になっていく。深い森林の中を進むが、果たしてこんなところに学校はあるのだろうかと不安になる。さらに不安が高まった頃、突然視界が開けて学校の門らしきところに出た。62東北朝鮮初中級学校の看板を見つけて、安堵する。門をくぐって中に入るが、学校の校舎らしきものは見当たらない。小さな建物を見つけて中に入ると、学校の事務局をボランティアで手伝っている方がいた。

「実は以前、この建物の前の広い場所に鉄筋の大きな校舎が建っていたのです。今は解体されて別の場所に、平屋の校舎を建てて授業をしています」とのことだった。しばらく歩くと校舎があった。一見すると学校には見えない。中に入ると、授業が行なわれていた。教室に入って授業風景を見せてもらった。東北朝鮮初中級学校の玄唯哲校長も、もちろん授業をされていた。

昼休みになったところで、校長先生から話を聞いた。「2011年の東日本大震災でこの学校は甚大な被害を受けました。その時、全国の在日同胞が、支援物資をトラックに積んで駆けつけてくれました。まだ道が復旧されておらず大変な中での救援に、民族の温かさを感じました」。

当時の先生方はこの時に届けられた支援物資でおにぎりを作り、当時の校長先生を先頭に各避難所を回って届けたのだ。困った時はおたがいさまと言って届けられたおにぎりに、被災者は感激されたようだ。

しかし残念ながら宮城県は、1991年度から朝鮮学校に支給していた補助金を震災直後の2011年度から止め、現在も支給されていない。こんな理不尽なことがあっていいのだろうか。日本人の「思いやりの心」とは、こんなにも底の浅いものだったのかと失望感が募る。

学校に別れを告げ、仙台から新幹線で郡山、福島朝鮮初中級学校に向かう。金政洙校長や先生方と久しぶりの再会を果たし、寄宿舎の温かい部屋でぐっすり眠った。おかげで風邪もすっかり完治した。

福島朝鮮初中級学校の校舎の壁に描かれた汽車の絵が印象深い。
震災前、卒業制作で描かれたという。

11月28日

11月28日

福島朝鮮初中級学校の校門。
入ると長い上り坂が続く。

広い校庭の隅に放射線量を測る線量計が設置されている。

究極の少人数学級。１人の生徒に１人の先生が付いて授業が行なわれていた。

11月30日

新潟朝鮮初中級学校の玄関や教室は現在もきれいに保たれていて、子どもたちの登校を待っている。

新潟朝鮮初中級は休校中。校庭だったところがそのまま残されている。

12月1日

茨城朝鮮初中高級学校は、JR水戸駅から徒歩約1時間の場所にあり、広々とした校庭と歴史資料室が自慢だ。

高校生の数学の授業。

一つ一つの文字をフェルトで作った初級部卒業生制作「カギャ表（日本の50音表のようなもの）」。

12月2日

群馬朝鮮初中級学校の校庭と校舎は新しくなったばかり。

教員の教務机の上には、子どもたちの写真が飾られていた。

11月28日

朝早く目が覚め、63福島朝鮮初中級学校の静かな校内をめぐって写真を撮った。すると、校舎の壁面に子どもたちが大きな汽車に乗っているカラフルな絵が描かれていた。この絵について尋ねると、震災前に卒業制作として生徒が描いたものだという。震災前の楽しい学校生活が浮かんできた。

実は震災後の2012年、無償化連絡会メンバーで被災した学校を訪問していた。当時は校庭の隅に汚染土がうず高く積まれ、ブルーシートが掛けられていた。在日の青年部の方が全国から参加しボランティアで汚染度処理をしていた。校長先生の案内で校庭を回った時、手に持ったガイガーカウンターを校庭の隅に設けられた側溝やブルーシートに近づけた瞬間、ガリガリと大きな音を立てた。「空間線量は除染のおかげでだいぶ減りましたが、雨水が流れる側溝はまだこんな具合です。この学校はタケノコやキノコなど山菜が多く学校周辺で収穫され、給食に大いに利用していたのですが、今はまったくできません。原発事故は周辺の自然環境を大きく壊してしまいました」という。そんな話を思い出しながら、懐かしい福島ハッキョを巡った。

午前中に授業を見せてもらった。校長先生ももちろん授業をされている。どのクラスも少人数の温かい授業だった。夜には、福島の支援者と温かい交流会が開かれた。私が日教組青年部時代から親交のあった元福島県教組委員長の住谷圭造さんや、現在の福島県教組委員長で脱原発の福島集会実行委員長など最前線で闘っている角田政志さんら懐かしい顔ぶれがみんな集まり、有意義な交流ができた。

11月29日

福島朝鮮初中級学校は、初級部6人、中級部1人、計7人が通っている。その子どもたちの教育に6人の先生、事務1人、食事担当1人が当たられている。子どもの数より職員の方が多い。朝鮮学校は全国どこでも、こうしたボランティア精神によって支えられているのだ。「自分を一人前の朝鮮人に育ててくれた朝鮮学校に恩返しをしたい！」という情熱が毎日の学校生活を支えている。

夕方には郡山から高速バスで3時間、新潟駅近くのホテルに入った。

11月30日

64新潟朝鮮初中級学校を訪問した。この学校の在学生は1人になり、やむなく現在茨城朝鮮初中高級学校で学んでいる。松本でもたいへんお世話になった劉宗哲さんが案内してくれた。ボトナム（柳の木）通り、かつてこの埠頭から朝鮮半島に帰国船が旅立っていった場所などを案内してくれた。学校に着くとほどなく金鐘海校長も到着され、帰国事業の歴史など資料を交えて説明してくれた。

学校では近隣の日本の学校に通っている子どもに朝鮮語を教える「新潟児童教室」が、毎週金曜日の夕方に開催されている。日曜日には、ピクニックや見学会なども企画しているそうだ。夏休みには、朝鮮大学校と東京朝高、茨城朝高空手部の合宿や元プロサッカー選手の安英学さんによるサッカー教室合宿なども行なわれている。校長先生は「民族教育を守るために幼稚園開設を視野に入れて、活動を活発に展開していくつもりです」と力強く語っておられた。

新潟から新幹線で東京に戻り、常磐線に乗り換えて水戸に向かった。宿泊は、茨城の朝鮮学校の寄宿舎にお世話になった。

12月1日

水戸駅から徒歩1時間の㊺茨城朝鮮初中高級学校は、広い校庭と立派な校舎、寄宿舎と大きな体育館も備えている。初級部が26人、中級部14人、高級部15人の総勢55人、新潟ハッキョから中学3年生が1人寄宿舎生活をしながら一緒に学んでいる。19人の教職員と講師1人、通学バス1台が水戸駅と学校を往復している。未婚の教員は寄宿舎生活。校長先生は私と一緒に東京の「日朝教育交流のつどい」で活動した尹太吉さんだ。彼は単身赴任だった。

1953年茨城朝鮮中級学校として創設し、初級部、高級部、幼稚園部が併設され現在に至る。特筆すべきは2013年、創立60周年記念事業として立派な資料館を建設したこと、そして「セッピョル（新しい星）学園」の開設を忘れてはならない。これは、毎年6月に新潟、東北、福島、群馬、栃木、茨城の子どもたちが茨城ハッキョの教室を使い2泊3日の共同生活を送るものだ。さまざまなイベントが企画され、最後は焼肉パーティで締めくくられるユニークな取り組みである。

私は茨城の朝鮮学校をこれまで何度も訪問している。卒業生で私の親友の一人尹志守さんは、無償化連絡会や国連人権勧告に実現実行委員会のチラシや、裁判支援ニュースづくりでいつも力を貸してくれている。縁の深い茨城朝鮮学校訪問は、特に子どもたちの歓迎公演とともに心に刻まれるものとなった。

12月2日

早朝、水戸から上野で新幹線に乗り換えて前橋に向かう。駅前で校長先生の出迎えを受け、車で㊻群馬朝鮮初中級学校に向かった。群馬の朝鮮学校は、オモニ会が2013年「高校無償化の願いを折りヅルに託して国連に届ける運動」を全国に発信した学校である。

以前訪問した時と違い、真新しい校舎が建っていた。校庭の一部を売却して建てられたという。学校に着いて早速目に飛び込んできたのは、オモニ会の皆さんの熱い想いが込められた「折り鶴掲示板」だった。登山協会の金載英会長も来てくれて熱い握手を交わした。授業参観の後、校長室で「群馬県民の森追悼碑裁判」について話を交わす。この裁判は、群馬県立公園にある朝鮮人強制連行犠牲者の追悼碑の設置期間更新を県が許可しなかったことから、市民側が提訴し係争中である。

1年生の担任の先生が「子どもたちが長谷川先生の話を聞きたいと言っているのですが」と入ってこられた。「なぜ全国の朝鮮学校を回っているの？」「一番大変だったのは何ですか？」とつぎつぎ質問され、1年生にわかるように答えるのに苦労したが、『なんといとおしい子どもたちだ』と感激する。こんなにかわいく、純真な子どもたちに「差別」という冷たい現実を味わわせてはならないと強く決意した。

帰る途中、「群馬の森」に立ち寄った。追悼碑は、冬の森の中に静かに建っていた。「記憶　反省　そして友好」と刻まれた追悼碑が、なぜ攻撃の対象にされるのか。歴史修正主義の魔の手が、全国の追悼碑に向けられてきている。過去にあった過ちを記憶し、反省することによって友好が実現できる。校長先生にお礼を言って帰路についた。

12月22日

以前から「全国行脚」の最後の訪問校は、67朝鮮大学校に決めていた。この日朝鮮大学校は終業式で、学校側から「12月22日の11時30分に来てほしい」との要請があった。最後の締めくくり訪問なので、フェイスブックに「一緒に歩いてくださる方は、最寄りの鷹の台駅に10時までに集合してください！」と呼びかけの文章をアップした。その呼びかけに応えて、朝鮮学校を支援したいと考えている20人の方が集まってくれた。天気は快晴、私の全国行脚の完遂を祝福してくれているようだった。

駅から25分、私の旗を先頭に朝鮮大学校まで行進した。正門のところにたくさんの学生が並んでいる。門をくぐると一斉に拍手が起こり、学生の代表が歓迎の言葉とともに大きな花束を贈ってくれた。全校の学生たちが校庭に整列するのを待って、全国行脚完遂を祝福する集会が始まった。学生代表の歓迎の言葉に始まり、一緒に行進してくださった平和フォーラム共同代表の藤本泰成さん、日教組の国際部長、東京真相調査団代表の西澤清さん、都高教委員長の藤野和正さん、千葉高教組委員長の堀川久司さんが、つぎつぎと登壇して連帯の挨拶をしてくれた。最後に私が、次のように話をさせてもらった。

「雨の日も風の日も、暑い日も寒い日も、毎週金曜日に文部科学省前に立って必死に訴える皆さんの姿に触発されて全国行脚に踏み切ったのです。この行脚を通じて、かけがえのない経験をさせていただきました。この貴重な経験を活字にして、朝鮮学校の民族教育の素晴らしさを日本社会に広めていく決意です」。

最後の訪問校を朝鮮大学校にして本当によかった。私の無謀ともいえる行動が朝鮮学校で学ぶ子どもたちや先生方、オモニやアボジをはじめ在日の皆さんに多少とも励ましになっているのではないかと思える訪問になった。

私の全国行脚を応援し、たくさんの人が支えてくれたことに心から感謝したい。行脚に出る前は83キロだった体重が76キロになり、「随分スリムになったね」と何人もの人に言われた。パンパンだったスーツも楽に入るようになった。道中たくさん食べたにもかかわらず痩せることができたのは、流した汗が半端ではなかったからかもしれない。

ゴールの朝鮮大学校にたどり着き、出迎えをうける。
（提供＝隔月誌『朝鮮学校のある風景』編集部）

「高校無償化」裁判について

2010年４月に発足した「高校無償化」制度は、教育の機会均等の理念を拡充し、一条校（学校教育法第１条に指定される学校）以外の外国人学校にも適用する画期的な制度になるはずであった。しかし残念ながら、朝鮮学校だけが除外された。当時の前川喜平審議官（後に事務次官）が証言しているように、制度設計段階では朝鮮学校も当然適用対象になるよう準備されていた。2013年２月20日、文部科学省は「高校無償化」法の施行規則にある「規定ハ」の削除を行い、朝鮮学校を「高校無償化」制度から排除する決定を朝鮮学校に通知したのである。「規定ハ」とは、外国人学校のうち、文部科学大臣が高等学校の過程に類するものとみなした学校も無償化の対象になるとしたもの。

この民族差別に対して、大阪、愛知、広島、福岡、東京で裁判が始まった。各地の「無償化裁判」の2019年３月14日現在の状況について、概要は下の表のとおりである。

一審の地裁判決は大阪を除いて敗訴し、二審の高裁判決は大阪と東京で敗訴した。情勢は大変厳しいと言わざるを得ない。敗訴した裁判結果を見てみると、どこも「当時の下村文科大臣の規定ハの削除は、無償化法の立法趣旨に反して違法である」という弁護団の主張を無視し、「朝鮮総聯の教育内容や人事に関与しているという疑念を払しょくできない」という規定13条違反を根拠にしている。朝鮮学校以外の民族学校では、どこも民族団体が教育内容や人事に関与するのは当たり前に行なわれており、明らかに朝鮮学校だけを差別的に扱っていることは明白である。

裁判闘争はいよいよ三審の最高裁に移りつつある。最高裁で勝利するためには世論を変えていくしかない。朝鮮学校の実情を知らせ、子どもたちが真剣に学んでいる姿を多くの日本人に知らせる活動が求められている。

「高校無償化」裁判の現況（2019年３月14日現在）

都府県	提訴日	請求内容	原告	進捗状況
大阪	2013年１月24日	指定処分取消 指定義務づけ	大阪朝鮮学園	地裁（2017/7/28）勝訴 控訴審（2018/9/29）不当判決 上告（2018/10/10）
愛知	2013年１月24日	国家賠償請求	生徒・卒業生10名	地裁（2018/4/27）不当判決 控訴（2018/5/8） 第2回口頭弁論（2019/1/27）
広島	2013年８月１日	国家賠償請求 指定処分取消 指定義務づけ	生徒・卒業生110名 広島朝鮮学園	地裁（2017/7/19）不当判決 控訴（2017/8/1） 第4回口頭弁論（2019/2/12）
福岡	2013年12月19日	国家賠償請求	生徒・卒業生68名	第20回口頭弁論（2018/9/20） 地裁（2019/3/14）不当判決
東京	2014年２月17日	国家賠償請求	生徒・卒業生62名	地裁（2017/9/13）不当判決 控訴審（2018/10/30）不当判決 上告（2018/11/12）

II 支援する人びと

雷雨に耐え、通気性もあるゴアテックスのパーカー。

日本各地で展開する朝鮮学校支援の運動

私は今回の朝鮮学校全国行脚をとおして、たくさんの貴重な経験をさせてもらった。その中でとりわけ大きな財産になったのが、各地で活動している皆さんとお会いしてお話しできたことである。朝鮮学校支援の運動は多様であり、各地の立地条件や歴史的経緯によって、独自の特徴があることがわかった。私が行脚で知った情報を、ここでお伝えしたい。

骨幹は学校関係者による地道な活動

朝鮮学校は、日本の敗戦（朝鮮の解放）後70年以上の長い歴史を刻んできた。国語教習所からスタートし、在日朝鮮人一世が学校を立ち上げ、二世三世と受け継がれ、日本政府による弾圧に抗して守りぬかれてきた。そうした朝鮮学校は、現在まで多様な活動によって支えられている。朝鮮学校の教職員を中心に、オモニ会やアボジ会、朝鮮学校教育会、卒業生組織、地域青年商工会など学校をとりまく在日のさまざまな関係者が「私たちの朝鮮学校を守ろう！」と活動を展開している。この活動が基礎にあるからこそ、地域の支援組織が生まれているのだ。

日本人によるさまざまな支援組織

学校関係者の地道な活動をとおして朝鮮学校とつながった日本人が、地域の実情に応じてさまざまな形態の支援運動を組織している。日本人だけの支援組織もあれば、在日の方も一緒に参加する組織もある。労働組合や平和運動団体、市民運動や人権団体、学者・文化人などが関わっている場合も多く見受けられる。朝鮮民主主義人民共和国を訪問した経験のある日本人が組織している「訪朝者の会」が重要な役割を担っているところも少なくない。

公的支援をいっさい受けられない多くの朝鮮学校では、財政的支援がもっとも重要であることは言うまでもない。朝鮮学校の存在を地域の日本人に知らせ、理解を深めてもらう活動も取り組まれている。さらに、近年強まっているヘイトスピーチ、ヘイトクライムに対抗する闘いに時間をかけている地域が多い。また、歴史修正主義に対応する闘いも、欠かせない活動である。各地に建てられている強制連行や強制労働について記述がある追悼碑の撤去や書き換え圧力が強まっていることに対して、地道な取り組みを行なっているところも多い。地域の歴史遺産を見て回るフィールドワークに取り組んでいる地域もある。

紙面の都合上すべてを紹介することはできないが、いくつかの地域で展開されている活動を紹介しようと思う。

文責：長谷川和男

各地の支援する人びと

◆九州

九州の支援組織には、教組や労働組合、福岡平和運動センターや各種人権団体など多くの人々が参加している。歴史的・地理的に朝鮮半島とのつながりが強く、韓国の市民団体とも連携を始めている。九州では、地方議員との連携が強く、街頭宣伝活動にも地方議員が参加されている。「朝鮮学校無償化実現・福岡連絡協議会」が組織され、活発に活動を展開している。

◆山口

「朝鮮学校を支援する山口県ネットワーク」を中心に、山口朝鮮初中級学校の支援運動に取り組んでいる。これまで私とまったく接点がなかった地域だったが、今回、モンダンヨンピルコンサートや長生炭鉱フィールドワークを通じて大変お世話になり、たくさんの友人ができた。山口は「阪神教育闘争（兵庫の項参照）」で最初の大規模なデモが組織されたことも初めて知った。山口県庁の中庭で、集会を開くことができていることに感動した。長生炭鉱犠牲者の韓国人家族を招いて、毎年慰霊祭を開催するなどの活動に加え、日常的に山口朝鮮初中級学校の支援活動を進めるなど活動が進化している。

◆広島

広島高教組、広島県教組をはじめとする労働組合や広島平和運動センターなどの関係者を中心に日常活動を進めている。学校やオモニ会と密接に連携して、絵画展をはじめとして独自の活動に取り組む。とりわけ広島から学ぶべきことは、地域にアンテナを張って差別事例を的確に把握し、広島市や広島県に申し入れを行なうなど、朝鮮学校がほかの公立学校と違った対応がされていることを見逃さず、改善運動を進めている点にある。市議会や県議会など各種地方議員にも運動に理解ある人が増えている。愛媛にある四国朝鮮初級学校は、卒業生が広島朝鮮初中高級学校に進むこともあって、広島の運動と密接に連携をとっている。

朝鮮学園を支援する全国ネットワーク主催の全国交流集会に、地方から多くの人が参加するのは困難なため、最近、広島が呼びかけて福岡、山口、四国、岡山の含む5ブロックの交流が進められている。今後の進展に、胸が膨らむ。

◆岡山

「日本と南北朝鮮との友好を進める会」を中心に、広島とも連携しながら運動を進めている。

福岡

山口

広島

岡山

四国

◆四国

四国朝鮮初中級学校は愛媛県松山市にあるが、支援組織は四国四県の市民運動や平和団体が参加し「朝鮮学校の処遇改善を求める会」が中心となって、学校行事や財政支援に取り組んでいる。「つくる会」教科書（歴史修正主義の教科書）の採択反対運動に取り組んだ人たちも数多く参加している。

◆兵庫

兵庫は阪神教育闘争の現場だった。阪神教育闘争とは、1948年日本政府が各都道府県知事に朝鮮学校閉鎖令を出したことに抗議して在日朝鮮人が起こしたもの。兵庫県知事を取り囲み学校閉鎖令を撤回させた。しかし、GHQが戒厳令を発動してこれを弾圧。その時、金太一少年が警察官の銃弾に斃れた。現在兵庫は、「日朝友好県民会議」に市民団体、労働組合などが結集し、地道な活動を展開している。

神戸

◆大阪

全国に先駆けて「無償化裁判」に立ち上がり、関西圏の兵庫、京都、奈良、滋賀、和歌山と連携して取り組んでいるのが特徴である。「無償化裁判」だけでなく、日ごろから近畿ブロックのそれぞれの支援組織が協力して、朝鮮学校支援闘争に取り組んでいる。大阪は「無償化裁判」の地裁判決で、唯一画期的な勝訴を勝ち取った。これは弁護団の活動もさることながら、日常の世論喚起の取り組みが地道に行なわれてきた成果だと思う。毎週、大阪市庁舎前で継続して取り組まれてきた「火曜行動」は、全国に広がり同じような取り組みをしている。朝鮮学校を支援する「モアパレード」は、関西ブロックの結集を得て多くの支援者を集めて行なわれている。私も参加させてもらったが、そのスケールの大きさに驚かされた。市民の結集に成功しているよい例で、その活動も全国に広げていくことが重要だと思う。

大阪

「朝鮮高級学校無償化を求める連絡会・大阪」が中心となって、大阪府オモニ連絡会や朝鮮学校関係者と協力し、支援運動を展開している。

◆京都

言うまでもなく「朝鮮学校襲撃事件」で広く知られるようになった。この裁判闘争に勝ったことで、ヘイトスピーチ、ヘイトクライムに立ち向かうことの重要性が広く認識され、後に成立したいわゆる「ヘイトスピーチ禁止法」として結実することになった。攻撃の対象になった京都の朝鮮学校の子どもたち、先生方、保護者

京都

の皆さんが体験した恐怖は、関東大震災の朝鮮人虐殺を想起させるものだったに違いない。悲壮な決意で裁判闘争に立ち上がった在日の方々の想いを、私たち日本人は厳しく受けとめなければならない。京都は滋賀の支援運動と密接に連携していて、「朝鮮学校と民族教育の発展をめざす会・京滋（こっぽんおり）」を中心に活動している。

◆奈良

奈良の朝鮮学校は、一時休校になっていた。「高校無償化」朝鮮学校排除を機に、「ハッキョ支援ネットワーク・なら」が中心となり奈良朝鮮幼稚班の再開を目指し、見事に実現した。これを足掛かりに、初中級の再開を目指している。今後の活動を大いに注目していきたい。

◆愛知

「朝鮮高校にも差別なく無償化適用を求めるネットワーク愛知」を中心に、「日朝教育・文化交流をすすめる愛知の会」と連携して、多くの市民、労働組合、平和運動センターなどを結集して、活動を進めている。愛知の裁判支援の会議に出席させてもらったが、本当にていねいな議論が展開されていた。岐阜や三重の四日市の朝鮮学校とも連携しながら、裁判闘争支援の活動が展開されている。

◆三重

「日朝友好三重県民会議」を中心に、四日市朝鮮初中級学校支援に取り組んでいる。

◆岐阜

岐阜朝鮮初中級学校の子どもたちを支援する「ポラムの会」が結成されていて、さまざまな学校支援活動が展開されている。学校行事に対する協力活動、ワンコインカンパ活動、キムチ販売活動、そして何より活動のようすが生き生きと描かれている機関紙『ポラム』の発行は、２０１９年５月で95号を数える。

◆静岡

「静岡朝鮮学校・友の会」を中心に活動を進めている。日常的な朝鮮学校支援運動をし、県議会や市議会に対する取り組みも活発に展開している。

◆長野

「日朝長野県民会議」を中心に、広く労働組合や平和運動団体などを結集して運動をすすめている。長野朝鮮初中級学校の隣に水田を借りて「米作り」をし、子どもたちと一緒に田植えや収穫祭を行なっている。

奈良

岐阜

長野

神奈川

千葉

群馬

◆神奈川

日本会議や在特会の活動が強い地域だが、神奈川高教組や神奈川県教組、自治労など労働組合とも連携をとり地道な運動を展開している。「神奈川朝鮮学園を支援する会」が結成され、「神奈川朝鮮女性と連帯する会」と一緒に神奈川県内の5つの朝鮮学校を支援する活動を展開している。東京で行なわれる集会やデモ、文科省前の「金曜行動」へも大挙して参加している。

◆東京

「高校無償化」からの朝鮮学校排除に反対する連絡会を中心に、活動を進めている。補助金問題では、「朝鮮学校への公的助成を求める連絡会・東京」が取り組んでいる。

裁判支援では「東京朝鮮高校生裁判を支援する会」を立ち上げ、『ヨンピル通信』を発行して裁判報告・情宣活動を行なっている。

練馬では毎月20日に「20日行動」と位置づけて、練馬区内の駅頭で高校生や大学生を交えて街頭宣伝活動を展開している。

多摩地区では、女性同盟西東京が始めた「水曜行動」は、三多摩全域のＪＲや私鉄各線の駅頭で毎週、街頭宣伝活動を展開している。

学校支援組織は、西東京朝鮮第一・第二初中級学校の組織である「ウリの会」があり、三多摩各地で展開されている支援運動組織が集まり20年以上活動を展開している。「チマチョゴリ友の会」「ハムケ共に」「オッケトンムの会」などが参加して、支援運動に取り組んでいる。

東京朝鮮第二初級学校には、「枝川朝鮮学校支援都民基金」があり、毎年さまざまな支援運動を展開。「サランの会」は177頁で報告する。

◆千葉

「千葉朝鮮学校を支える県民ネットワーク」（略称「千葉ハッキョの会」）が結成され、全国の運動に連帯して声明などを発信している。県の補助金や市の補助金に対する運動も精力的に行なう。千葉高教組、千葉県教組が中心になり千葉朝鮮初中級学校とがっちり手を組み、運動をしている。近年独自に訪朝団を組織し、参加者を増やしている。街頭宣伝活動なども活発。

◆埼玉

「外国人学校・民族学校を支える県民ネットワーク埼玉」を中心に、補助金や権利問題に精力的に取り組んでいる。「日朝友好連帯埼玉県民会議」「朝鮮学校を支える会・埼玉」埼玉弁護士に強く働きかけを行ない、補助金問題で素晴らしい埼玉弁護士会声明が出されている。「朝鮮学校を支える会・埼玉」を中心に、学校行事や各種イベント、財政支援、自治体に対する要請等を精力的に展開している。

◆茨城

「朝鮮学校の子どもたちの人権を守る会・茨城」という支援組織を中心に、毎年総会を開き、講演会や学習会、県に対する要請行動など活発に活動を続けている。県議会や市議会への取り組みも精力的に展開されている。

◆群馬

「群馬県民の森・追悼碑裁判」の支援活動に

積極的に取り組んでいる。

◆福島

「福島朝鮮学校を支援する会」を中心に、朝鮮民主主義人民共和国を訪問した人を中心に組織された「訪朝者の会」と連携して、朝鮮学校支援に取り組んでいる。

◆北海道

「北海道朝鮮学校を支える会」を中心に支援活動が展開されている。北海道教職員組など教職員との交流がさかんで、北海道初中高級学校で20年も続いている日本人による公開授業は、その典型である。

◆朝鮮大学校

東京小平市にある朝鮮大学校は、日本全国の朝鮮学校を支える最大のシンクタンクである。朝鮮学校の教員養成を一手に引き受け、ここを卒業した若い教員が全国の朝鮮学校を支えている。民族教育の質の高さは、朝鮮大学校の教育機関としての質の高さに支えられている。そもそも「全国の朝鮮学校を訪問しよう！」と決意したのが、朝鮮大学校の学生が無償化適用を求めて行なっている文科省前の「金曜行動」であった。素晴らしい学生が育っている。

私のフェイスブックの呼びかけに、訪問日にはたくさんの支援者が一緒に行進してくれた。

◆日朝教育シンポジウム（日教組、日朝学術教育交流協会、朝鮮学校教員労働組合）

毎年1回開催されている「日朝教育シンポジウム」。2019年1月20日、第20回の節目となるシンポジウムが広島朝鮮初中高級学校で開催された。主催者は、日本教職員組合、在日本朝鮮人教職員同盟（以下、「朝教同」）、日本朝鮮学術教育交流協会の三者に加えて現地実行委員会が計画、運営に当たっている。授業参観、基調講演、各種分科会の開催など、年々充実した内容に進化している。

◆朝鮮学園を支援する全国ネットワーク

「2011年に全国に散らばって頑張ってきた日本人組織を統合する形で生まれました。毎年総会を、講演会や学習会を兼ねて開催しています。2013年3月31日には、高校授業料無償化措置の適用を求めて『朝鮮学校はずしにNO！ 全ての子どもたちに学ぶ権利を！ 3・31全国集会＆パレード』も、多くの組織とともに開催しました。朝鮮学校で学ぶ子どもたちに寄り添い、多民族・多文化共生の社会を目指して、闘い続けてまいります」（フォーラム平和、人権、環境共同代表　藤本泰成）

福島

北海道

朝鮮大学校

日朝教育シンポジウム

最前線に立ち続けるオモニ会

オモニ会は朝鮮学校を支える屋台骨のひとつである保護者（母親）の自治団体である。

オモニ会が果たす役割は多岐にわたる。学校創立以来、公的支援が皆無に等しい中で、子どもたちがよりよい環境で学べるようにと、バザーやキムチ販売を通した財政支援、情操教育のためのコンサートやイベント企画、本の読み聞かせ、図書室運営、学童ボランティアにいたるまで……。

日本に生まれても人として尊重され、朝鮮人としてのアイデンティティを持って生きてほしいという願いから、70年以上にわたりウリハッキョを守り育み、反民族差別と民族教育権利運動の最前線に立ち続けるオモニたちの団体でもある。

◆福岡

福岡でもオモニ会の皆さんと、朝鮮学校の支援の在り方について話し合った。福岡は立地条件からして朝鮮半島との結びつきが強く、交流もさかんに行なわれ、活動も多岐にわたっている。オモニ会の果たす役割の大きさを実感した。

◆広島

広島のオモニ会は、本当に元気である。「サプリ」（西広島にある食事と喫茶、健康施設を備えた店）という活動・交流の拠点があって、頻繁にオモニ会のメンバーが集まっている。広島朝鮮初中高級学校のさまざまな活動に、オモニ会は大活躍している。私も心置きなく東京の活動について報告させてもらった。

◆岡山

お子さんも交えてオモニ会のメンバーに集まってもらい、懇談・交流した。朝鮮学校の財政や学校の維持管理などへの協力は、オモニ会の活動が大きく支えている。私の「全国行脚」のようすもフェイスブックでチェックしてくれていて、「なぜ日本人がそこまでしてくれるのか？」と質問された。「日本の民主主義、日本人の歴史認識のために、私自身のためにやっているのです」。

福岡

広島

◆岡山幼稚班

園長先生の用意してくださったお弁当をおいしくいただきながら、園児と一緒にオモニ会のメンバーと懇談した。この頃になると、私のSNSの発信がオモニ会の話題になっていて、重い荷物を背負って炎天下の中を歩く情熱がどこから来るのか、質問攻めにあった。在日の皆さんの情報網は驚くほど発達していて、サランの会についても知っているオモニがいるのにはびっくりした。

◆西神戸

円形のテーブルでオモニ会のメンバーと、たっぷり交流することができた。ちょうど韓国で始まった「朝鮮学校支援のアピール行動」のポスターを手に記念撮影。どの学校も財政支援について、大きな課題になっていることが話題になった。朝鮮学校の運営は、どこも「朝鮮学校を守ろう！」という在日の皆さんの情熱に支えられている。

◆神戸

たまたま神戸に来ていた西中誠一郎さんと一緒に、オモニ会の皆さんと懇談した。神戸の朝鮮学校も、阪神・淡路大震災で大きな被害を受けた。学校再建に並々ならぬ苦労があったことを、伺うことができた。私も震災直後の神戸に、日教組の派遣ボランティアとして参加したことなどをお話しした。

岡山

岡山幼稚班

西神戸

神戸

大阪

岐阜

名古屋

長野

神奈川（提供：朝鮮新報）

◆大阪

大阪府庁舎前の「火曜行動」に参加して、終了後レストランで参加者と交流した。大阪の女性たちは、本当に元気いっぱいだった。オモニ会のメンバーも日本の支援者の女性たちも、確信を持って闘いを組織していることに、私は深い感銘を受けた。

◆岐阜

オモニ会のメンバーと「ポラムの会」も加わって、交流した。私は「ポラムの会」の会報を定期的に送っていただいているので、オモニ会や支援者のきめ細かい活動内容は承知していたが、本当に朝鮮学校の財政支援、学校行事への参加支援、学校への理解を深めるための講演会や学習会の組織化など、地道な活動に感動した。

◆名古屋

オモニ会、弁護団、「日朝教育・文化交流をすすめる愛知の会」の人たちと裁判闘争や朝鮮学校支援の在り方について、食事を交えながらじっくり懇談することができた。愛知は岐阜や三重の四日市朝鮮学校との連携をとりながら、支援運動している。

◆長野

松本にある長野朝鮮初中級学校で、オモニ会と懇談した。懇談の最中にも、オモニの手は片時も休まない。財政支援の活動は、寸暇を惜しんで続けられているのである。チョゴリ人形の素晴らしいできばえにただただ感動し、頭が下がる思いであった。

◆神奈川

神奈川県下の5つの朝鮮学校をすべて1日で回ることになっていたので、ゆっくり懇談する時間はなかったが、私の訪問を知って「一目、長谷川さんに会いたい！」と集まってくださったオモニと懇談した。朝鮮学校を守りたいという切実な願いを共有することができた。

東京朝鮮第九初級学校「サランの会」

東京朝鮮第九初級学校にある学校支援組織、阿佐谷朝鮮学校「サランの会」は２０１１年4月9日に結成され、２００人を超える会員が活動している。会員は在日朝鮮人と日本人で構成され、月1回の月例会を開催し、90回を超えた。平日夜7時から始まる月例会には常時20人ほどが参加し、学校行事への参加体制や当面の活動について話し合う。会員は誰でも参加できる。学校からは校長、教務主任、教員も交代で参加し、日常的に学校が困っている問題なども、遠慮なく出してもらっている。会員からの要望や提案により、新たな活動が生まれるのだ。

私は最初の頃、こんな展開を予想していなかった。「高校無償化」連絡会の活動が始まった２０１０年に「日朝教育交流のつどい」（40年近く続いてきた東京教組、都高教、日朝学術教育交流協会、朝教同4者主催交流行事）を東京朝鮮第九初級学校で開催しようと、鄭仁秀校長と相談して現地実行委員会を立ち上げた。実行委員会には杉並区市民運動のメンバーはもちろん、労働組合や杉並区議などつながりのある方々に声をかけた。事前に4回の会合を開き「つどい」の準備を進めた。２０１１年2月11日当日はあいにくの大雪に見舞われたが、３００人近い参加者があり、大成功に終わった。区行政の方、議員の方、近隣の小学校からも教員や保護者の方々がたくさん参加してくれた。この大成功には理由がある。それは、申静子さんと金容星さんの地道な努力である。

申さんと金さんは、20年以上にわたり地元の公立学校と交流を積み重ねてきた。ＰＴＡ役員や「おやじの会」などと交流を重ね、朝鮮料理講習会や「マッコリを飲む会」などさまざまな取り組みをしてきていた。「8月の夜会」や「10月のバザー」などは地元の人たちがたくさん参加するようになっていた。こうした努力が「日朝教育交流のつどい」の成功につながったのである。

朝鮮学校支援は日本人との地道な交流が必要

現地実行委員会の総括会議で、「せっかく成功裏に終わった実行委員会を解散するのはもったいない。第九の支援組織を立ち上げたいので、実行委員会を基礎に支援組織を立ち上げましょう！」と提案した。いろいろな意見が出された。「この支援組織に在日の私たちも入るのですか？　私たちは第九のために時間と労力とお金をつぎ込んで日常的に支援しているのに、さらに新しい活動に参加するのですか？」。もっともな話である。私は「日本人だけで支援組織を作ったら、本当に役立つ支援活動はできないと思います。活動でお返しするので日本人と在日の皆さんが手を結んで活動できる組織にしましょう。活動でお返しをしたいと思います」と意見を述べた。満場一致で「サランの会」を結成が決まった。

グウの音も出なかった

「サランの会」結成1年、順調に活動は進んでいった。2013年3月、無理してお願いした「サランの会」事務局長の三木譲さんと「無償化連絡会」の松野哲二さん（チマチョゴリ友の会代表）の3人で飲み会をした時のことだった。三木さんが突然「長谷川さん、僕は事務局長を辞める」と言い出した。1年間仕事をやりくりして第九の学校行事に参加してくれていた三木さんは「私が参加しているのに、長谷川さんは来ないのですか?」と言う。「確かに全体の仕事で忙しいのはわかっていますが、地元の活動が大事ではありませんか?」と問い詰められた。松野さんも「地元の活動が大事でしょう。世論を変えるには、地域から変えていくことが重要だと思いますよ」。グウの音も出なかった。ついつい忙しさに紛れて第九の行事に参加していなかったことを反省し「これから第九の行事を優先して、参加するように心を改めます」と詫びた。

朝鮮学校の支援は「イベント型から日常型へ」

全国各地で朝鮮学校支援の組織がつくられている。もちろんイベントを企画し、多くの日本人をそこに集めることは重要である。朝鮮学校を知ってもらうことは、支援運動の出発点だ。大事なのは、そこでつながった日本人を日常的な支援活動に参加してもらうよう、どうつなげるかである。「地域から世論を作る!」という貴重な教訓を、私は「サランの会」の活動をとおして学ぶことができた。活動をとおして人がつながり、その人が新たな活動を生むことを学んだ。その実例が「サランの会」に次々と生まれている。

新しい活動が人を結びつけ、朝鮮学校のファンを生み出す

いくつかを紹介したい。最初に、高校教員の内田秀人さんの例をあげたい。彼は現地実行委員会を立ち上げる時、都高教の第三支部支部長をしていた。「朝鮮学校とつきあうと、大変だから」と渋る彼を誘い、参加してもらった。「サランの会」結成後、校長先生の提案で2学期の給食の時に、日本人による特別授業をすべてのクラスでやることに決まった。「高校生しか教えたことがない。小学生に授業はできない」という現職の日本語教員の内田さんに、無理に、6年生の日本語の授業をお願いした。宮沢賢治の詩の授業だった。私も同じ時間に1、2年生の生活科で「ケン玉とコマ回し」の授業をしたので、お互いの授業は見られなかったのだが、授業後に「これまでやった授業の中で、子どもたちにこんなに集中して聞いてもらったのは初めてだ」と興奮気味に語ってくれた。「これからは第九の行事には出ようと思う」。それから内田さんは行事に進んで参加してくれるようになった。3学期の「餅つき大会」の時だった。運動場で内田さんが餅をつき始めると、校舎2階の教室のベランダに並んだ6年生が「内田先生がんばって!」といっせいに声をかけ、授業で習った宮沢賢治の詩「雨ニモ負ケズ、風ニモ負ケズ……」と一斉に群読したのである。彼らは誰かに指示されたのでもなく、自分たちの気持ちを声にしたのだ。内田さんはそれからというもの、スキー教室の指導員を買って出たり、夏キャンプの

補助員を買って出たり、積極的に参加してくれている。

読み聞かせからはじまった「第九の部屋」

「第九の部屋」という取り組みも、先生方から「図書室があまり使われていない」という悩みが出されたことによって始まった。図書館に勤務している東矢高明さんが、「読み聞かせ」（のちに「第九の部屋」と命名）を提案し、彼が協力者を集めて運営を引き受けてくれた。日本人で「読み聞かせ」に取り組んでいる人はたくさんいる。朝鮮学校に来たことがない人も「読み聞かせができる場があるなら、行ってもいい」と引き受けてくれた。子どもたちに読み聞かせて素直な反応を見て、朝鮮学校のファンになってくれるのだ。

「見守り隊」はじまる

「見守り隊」（特別支援を必要としている子の安全確保のための見守り）についても紹介したい。番場豊さんは、見守り隊のリーダーである。彼は大学時代の友人で、偶然安保法制反対の国会前集会で再会した。久しぶりに一緒に飲みながら私の現在の活動を紹介すると、「朝鮮学校にすごく興味がある。ぜひ『サランの会』に参加したい」と言って、参加してくれるようになった。それからの彼は、すべての活動に積極的に参加し、私とは比較にならないほど第九にどっぷりつかってしまった。「第九の部屋」で読み聞かせをするだけでなく、見守り隊の人的配置や確保のリーダーを務めてくれている。見守り隊もまったく朝鮮学校について知らなかった人もたくさん参加してくれている。この活動をとおして朝鮮学校を知り、子どもたちの素直な心と学びを知り、先生方の熱意を実感することによって、確実にファンを増やしてきている。このような素晴らしいサイクルが、「サランの会」に生まれている。

夏の夜会の１コマ。教組のメンバーと焼肉を楽しむ。

現在の活動のあらまし

1．年１回の総会と講演会の開催
2．「夜会」と「バザー」への参加と当日の保育を担当
3．杉並区への予算要望や協力要請
4．第九の学校行事への参加と協力
5．各学期１回の「サランの会」給食の実施
6．２学期「サランの会」給食の日に、日本人による特別授業を全学年実施
7．「第九の部屋」（昼休みの読み聞かせ授業）の実施
8．「第九ゆかりの人々」（聞き取りと写真によるパネル）の作成と展示
9．学期１回の「サランの会ニュース」の発行
10．宿泊行事、水泳教室、遠足、スキー教室、スケート教室、餅つき大会、マラソン大会などに、指導員や補助員を派遣
11．特別支援を必要とする子に、見守り補助員を派遣

韓国のモンダンヨンピルとの出会い

「モンダンヨンピル」（朝鮮語で「ちびた鉛筆」の意）との交流は、2011年からモンダンヨンピルの日本側窓口だった尹志守さんが「無償化からの朝鮮学校排除に反対する連絡会」（以下、「無償化連絡会」）に、茨城の水戸から参加してくれるようになってから始まった。同年6月23日、豊島公会堂で開かれた無償化連絡会の総決起集会で、ドキュメンタリー『ウリハッキョ』のキム・ミョンジュン監督が感動的な挨拶をした。「ウリハッキョは完璧な学校とは言いません。しかし日本社会で生きていくための朝鮮人としてのアイデンティティを育める唯一の学校です。これは日本の学校ではできないことです」と日本語で話し、この名言は日本人の私たちに感銘を与えた。

　モンダンヨンピルは韓国各地でチャリティコンサートを開き、その収益を東日本大震災で大きな被害を受けた東北朝鮮初中級学校と福島朝鮮初中級学校に義援金として届ける活動をした。そのため来日した際、無償化連絡会メンバーと交流し、できれば「高校無償化朝鮮学校即時適用を求める共同声明」を調印できないかと私たちに申し入れがあった。9月24日、急きょ開催した歓迎会に合わせ70人ほどが集まり、感激的な交流をし、「共同声明」の調印式をした。当時、モンダンヨンピル共同代表だったクォン・ヘヒョさん（韓国の著名な映画俳優）とイ・ジサンさん（韓国の著名な歌手）、日本側から私が共同声明に調印した。共同声明をソウルの日本大使館に届けるため、私と佐野通夫さん（「無償化連絡会」共同代表、子ども宝仙教育大学教授）が12月1日に韓国へ飛び、日本大使館前で決意表明を行なった。

日本初の「モンダンヨンピル」チャリティコンサート

　2012年6月22日、日本初となるモンダンヨンピルチャリティコンサートが中野ゼロの大ホールで開催された。コーディネートを頼まれた無償化連絡会は、初経験だったので予約券をたくさん販売しすぎて会場に入りきれず、お引き取り願うという失態もした。その後ずっと続けられているモンダンヨンピルコンサートの先鞭をつける役割を担ったのである。

　現在代表のクォン・ヘヒョさんは、本当に素晴らしい人である。中野ゼロホールで司会を務めた彼は、座席の配置を見て即座に「無料で招待した東京朝鮮中高級学校の生徒たちは、座席の横ではなく最前列に移しましょう。コンサートの主人公は、ウリハッキョの子どもたちです」と提案したのである。異国の地で差別を受けながらもけなげに学んでいる子どもたちこそ、一番コンサートを楽しんでもらう必要があるのだということを、私たちに身をもって教えてくれたのだった。

　出演料はもちろん、交通費も宿泊費も身銭を切って日本に来てくれる彼らの心意気もさることながら、その芸術性の高さに感動する。韓国の超一流のエンターテイナーが、その後毎年開かれるようになったコンサートに出場してくれていることに心から感謝したい。

「ウリハッキョと子どもたちを守る市民の会」へ

　モンダンヨンピルとの交流は、その後の韓国内の朝鮮学校支援運動に大きな役割を果たした。「ウリハッキョと子どもたちを守る市民の会」（韓国で朝鮮学校支援のために結成された市民団体。以下、「市民の会」）結成にも深くかかわっている。

２０１４年６月13日、「日本の安倍政権は国際人権規約に反する差別的措置を即刻撤回しろ！」「日本の朝鮮学校の学生たちにも差別することなく『高校無償化制度』を即刻適用しろ！」というスローガンのもとに「市民の会」が結成された。財政支援を盾に、朝鮮学校を日本の歴史と日本語のみを教える教育体系に編入させようとする安倍政権に反対し、子どもたちが国籍や宗教、人種に関係なく平等な教育を受けられるよう日本政府に要求するための市民団体だ。

結成には、モンダンヨンピル、民主労総、民主労働者全国会議、民主社会のための弁護士の会、反戦平和国民行動、北の子ども豆乳事業本部、実践仏教全国僧伽会、全国牧師正義平和協議会、全国女性連帯、統一の道、韓国労総、韓国進歩連帯、韓青協全国同志会などの団体が参加しており、韓国の名だたる宗教界、労働組合、法曹界、女性団体、平和団体、市民団体を網羅している。実践仏教僧伽会共同代表のソク・チグァン和尚、全国牧師正義平和協議会・正義と人権委員長のチョン・テヒョ牧師、全国女性連帯のソン・ミヒ常任代表が共同代表となった。

2011年12月１日、駐韓日本大使館前で、朝鮮学校への差別を反対する日韓市民団体の共同声明書を伝えるため記者会見。佐野さんと長谷川さんも参加した。

２０１５年１月、共同代表ソン・ミヒさんから「韓国で朝鮮学校について、講演してほしい」と頼まれ、私は２０１５年４月27日から５月２日まで、韓国で講演をした。佐野通夫さんと二人で分担し、私はソウル、広州、釜山、仁川を回った。佐野さんは朝鮮語が堪能だが、私はまったくできないので、通訳として大畑正姫さんが同行してくれた。講演原稿なしの私の話を聞いて涙を流す韓国の人たちの姿を見て、大畑さんの通訳の素晴らしさに感動した。講演の締めくくりに「どうか日本にぜひ来てください。自分の目で朝鮮学校を見ていただければ、子どもたちが本当にがんばっている姿に感動するはずです」と訴えた。

その後も年２回、韓国からの訪問団が日本に来るようになった。私たち無償化連絡会は、東京のオモニ会連絡会と連携し最大限の受け入れ態勢をとっている。２０１８年の平昌オリンピックから始まった朝鮮半島の「対立から平和へ」の歴史的大転換、南北首脳会談と朝米首脳会談へとつながる南北統一の流れの中で、ますます「ウリハッキョと子どもたちを守る市民の会」の役割は重要性を増している。

2014年6月13日に発足した「ウリハッキョと子どもたちを守る市民の会」。

あとがき

「すべての朝鮮学校を訪問したい」という無謀な試みが実現できたのは、朝鮮学校の校長先生をはじめ、たくさんの先生方、教育会の皆さん、子どもたちを朝鮮学校に送り出しているオモニ会・アボジ会の方々、朝鮮学校の民族教育を守りたいと願う卒業生やハラボジ、ハルモニ、たくさんの在日朝鮮人の皆さんの応援があったからです。また、全国各地で献身的に朝鮮学校支援に取り組んでいる日本の方々の私に対するたくさんのサポートがなければ、半年間ですべての朝鮮学校を訪問することはできませんでした。ここに感謝の気持ちを込めて、この本をお届けします。

とりわけ梁玉出さんと申嘉美さんには本当にお世話になりました。お二人からの的確なアドバイスがなければ、全朝鮮学校の訪問は実現しなかったと断言できます。そもそも体力だけが取り柄で、計画性や整理能力に極端に欠ける私は、お二人のアドバイスがなければ行き当たりばったりの学校訪問をして、ただでさえ忙しい朝鮮学校の先生方にご迷惑をおかけするだけに終わっていたことでしょう。本当に感謝しています。

最後の訪問校となった朝鮮大学校で、大学生や先生方の前で、「今回の貴重な経験をさせていただいたのは、文科省前で毎週続けられている金曜行動での皆さんのアピールがきっかけでした。この経験を文章にして、出版しようと思います。それが私にできる、恩返しだと思っています」と表明させていただきました。

話すことは苦にならない私ですが、文章を書くのが苦手です。周りの人から「長谷川さんは遅筆だから、文章を頼むときには気をつけた方がいいよ」と言われてきました。その私にまず手を差し伸べてくれた方が、金容星さんでした。東京朝鮮第九初級学校のサランの会の重鎮です。「出版の段取りは、私がする」と言ってくださり、紆余曲折のすえ、岡本有佳さんを編集長に決めてくださったのです。岡本さんはフリーの編集者で『60万回のトライ』共同プロデューサーの経験もあり、ひと安心しました。こうして、金容星さんを中心に、フェイスブックの私の投稿を記録整理してくださっていた申嘉美さん、さらに「写真集をメインに紀行文を添える」という編集の基本方針を岡本さんが提案してくださって、そのため東京藝術大学大学院に通う写真に詳しい岡本羽衣さんに加わっていただき編集チームができました。羽衣さんは岡本編集長の甥っ子です。この５人の方の出してくださった編集計画に基づいて、なんとか原稿を書き終えることができました。岡本編集長の計画を次々に遅らせてしまったのは、私の責任です。本当に申し訳ありませんでした。岡本編集長のリードがなければ、この本は完成できませんでした。心から御礼申し上げます。

とりわけ申嘉美さんは、私の記憶違いや約束違反を、データに基づいて指摘・修正してくれました。そのおかげで、なんとか書き上げることができたと思っています。「カミ校正」は、私には考えられないほど地道な作業の連続だったと思います。感謝しても感謝しきれません。ありがとうございました。

兵庫県でお世話になった川端勝さんが２０１８年秋にお亡くなりになりました。謹んでご冥福をお祈り申し上げます。川端さんには言葉に尽くせない感謝の気持ちでいっぱいです。

最後になりましたが、私の家族にも感謝しています。長男夫妻と孫たち、長女夫妻、次男は、物心両面で私の活動を支えてくれています。とりわけ私の兄夫妻は、いたらない私に的確なアドバイスや援助をしてくれます。義理の妹夫妻と姪っ子も応援してくれました。共に闘う「高校無償化」朝鮮学校排除に反対する連絡会の皆さんに、感謝です。また、厳しい出版状況の中、出版を引き受けてくださった花伝社の平田勝さんに感謝いたします。

著者

２０１９年６月17日

著者プロフィール

●長谷川和男（はせがわ・かずお）

1947年1月22日生まれ。三鷹四小、三鷹三中、都立富士高等学校、東京学芸大学A類理科卒業。調布市立杉森小学校（7年）、調布市立国領小学校（10年）、杉並区立堀之内小学校（13年）、杉並区立踏掛小学校（5年）、杉並区立「さざんか教室」（5年）。「高校無償化」からの朝鮮学校排除に反対する連絡会共同代表。阿佐谷朝鮮学校「サランの会」代表。

朝鮮学校を歩く刊行委員会

●金容星（キム・ヨンソン）

建築設計事務所代表。阿佐谷朝鮮学校「サランの会」メンバー。刊行委員会世話人。

●申嘉美（シン・カミ）

「高校無償化」からの朝鮮学校排除に反対する連絡会メンバー。

●岡本有佳（おかもと・ゆか）

編集者。

●岡本羽衣（おかもと・はごろも）

東京藝術大学大学院美術研究科博士後期課程在籍。

データ管理：申嘉美、地図作成：尹志守、画像処理・グッズ撮影：岡本羽衣、カット：岡本羽和

朝鮮学校を歩く――1100キロ／156万歩の旅

2019年7月28日　初版第1刷発行

写真・文 ――― 長谷川和男
編 ――― 朝鮮学校を歩く刊行委員会
発行者 ――― 平田　勝
発行 ――― 花伝社
発売 ――― 共栄書房
〒101-0065　東京都千代田区西神田2-5-11 出版輸送ビル2F
電話　03-3263-3813
FAX　03-3239-8272
E-mail　info@kadensha.net
URL　http://www.kadensha.net
振替　00140-6-59661
編集･本文デザイン ― 風工房　岡本有佳
装丁 ――― 風工房　岡本有佳
カバー写真 ――― 長谷川和男
印刷・製本 ――― シナノ印刷株式会社

ISBN978-4-7634-0893-8 C0036